東京都主任級職選考〈論文〉対策

主任論文の
書き方・考え方

「4 ウエイ方式」論文通信添削研究会

【公人の友社】

東京都主任級職選考〈論文〉対策
主任論文の書き方・考え方
目次

第4章　合格レベル論文〈添削指導〉例 ……………… 107

第1章
対策のポイント

I　「都政問題」対策

1　「都政問題」のポイント

　まず、人事委員会事務局の資料から、都政に関する出題において
てどのような点がポイントかを整理します。

(1) 論理的な説明が重要

「資料から課題を抽出する」、「課題に対して具体的な解決策を提
示する」というこの一連の流れは、つまり論文が論理的になって
いることが必要だということです。反対に言えば、「資料からはと
ても導き出せないような課題を設定してしまう」、「課題の抽出に
無理がある」という内容はダメということです。

　同様に、課題と具体的な解決策が対応していない内容も不可で
す。例えば、「課題として（1）で問題提起しているのに、（2）の
中でその対応策が書かれていない論文」や「具体的解決策を記述
しているが、それが課題の解決に役立たない」という内容では、
論理的に破綻していると言わざるを得ません。

　つまり、「資料　→　課題の抽出　→　具体的な解決策の提示」
が論理的につながっていることが大事です。

(2) 単に資料の事実を書くのでなく、資料から読み取れるポイントを書く

　人事委員会事務局の「主任級職選考の論文について」の中にある「今回の事例『都政に関する出題』に関する注意事項」に記載されていますが、資料の事実だけを記載するのはダメとされています。

　例えば、「首都直下地震に対して、不安と回答した率が昨年に比べ 3 ポイント増えた」という事実を論文に書いても、採点官からすれば「だから何？」となります。こうした事実を書くことが期待されているのでなく、資料を踏まえ、「首都直下地震に対して、不安と回答した率が昨年に比べ 3 ポイント増えており、防災対策が急務である」というポイント（都政の課題）を導くことが重要なのです。

(3) 論文における (1) と (2) に同じ内容を書かない

　前述したように、論文の (1) では「資料の課題を抽出」、(2) では「具体的な解決策を提示する」こととなります。このため、(1) と (2) に同じ内容を書くことはありません。資料から抽出できるポイントを課題として、その上で具体的な解決策を提示する、というのが論文の流れですので、同じ内容を書くことはないのです。

　このため、(1) で「ホームページなどで都民への啓発を行う必要がある」のように具体的解決策を提示してしまったり、(2) で「資料から都民の首都直下地震に対する不安が増大している」と課題を繰り返してしまったりすることは間違いです。

(4) 決意表明は必要ない

　都の主任論文では、「私は主任として職務に全力を尽くす所存である」のような決意表明は必要ありません。人事委員会事務局の「主任級職選考の論文について」にも、決意表明は評価の対象としないとありますので、注意が必要です。

(5) 東京都の主任として適切で、具体的な解決策を提案する

　解決策は、東京都の主任として適切な内容を提案することが求められます。東京都ではできないような内容、例えば国や民間企業が実施すべきことを書かないのは、もちろんです。また、市区町村が行うべき内容を提案することも適当ではありません。

　そして、主任という視点も重要です。管理職ではないのですから、多額の予算が必要な施設整備や補助金制度の提案などは、主任選考の論文としてはやはり疑問です。

　では、主任にふさわしい内容とは、具体的にどのようなものでしょうか。これは、①少額の予算で可能な事業、②住民への啓発、③現在実施している事業の改善に関するもの、などとなります。具体的な解決策を考えるにあたっては、過去の主任の合格論文を参考にすると良いでしょう。過去の合格者がどのような提案をしてきたかを確認すると、解決策の具体的なイメージを持つことができます。

2　「都政問題」課題の抽出方法

　ここでは、「都政に関する出題」における論文 (1) のまとめ方について、具体的に整理していきましょう。

(1) 資料のポイントの見つけ方
　まず、具体的にどのような点に注意すれば、資料のポイントが見つけられるかを整理します。

・過少・過大を見る

　アンケート結果や「○○が△△に占める割合」などの統計資料であれば、数値が特に小さい、特に大きいなどの過少・過大が目立ちます。「都政に最も期待すること」の第 1 位であれば、それが都民の大多数の意見であることには間違いありません。反対に、「東京都の施策で他府県よりも優れていると思われる施策」の最下位であれば、これは他の自治体よりも遅れていることを示しています。このように、過少・過大は資料の大きなポイントになります。

・共通点を見つける

　資料におけるいくつかの点から、何か共通点を見つけるという方法もあります。例えば、資料 1 で「Ａ文化センターの利用状況」、資料 2 で「Ｂ文化センターの利用状況」、資料 3「Ｃ文化センターの利用状況」が示されていたとします。この 3 つの資料から、「平日午前中の利用は、女性の高齢者が突出している」のように 3 館共通の事象を指摘できます。その上で、「男性高齢者の利用が少な

い」という課題につなげることもできます。このように、資料から共通点を見つけ、そこから課題をまとめることも有効です。

・傾向・トレンドを見つける

　資料から、ある事象の傾向やトレンドを読み取ることができます。「過去５年間、○○の率が高まっている」や、「都民アンケートの回答では、△△と答える率が毎年低い」など、グラフや数値から、一定の傾向やトレンドを見つけることができます。経年変化などが視点のポイントになります。

・資料を組み合わせて課題を見つける

　資料を複数組み合わせて、課題を見つけることもとても有効です。

　例えば、「高齢者の生活に関するアンケートでは、『グループで活動できる場所が欲しいが第１位』となっている」とします。また、「文化施設利用調査では『平日の利用率が低い』との結果がある」とします。この２つの資料を組み合わせて、「平日、高齢者のグループに文化施設を利用してもらう取組みが十分ではない」との課題を指摘できます。

　他の例としては、今後の高齢者数の推計と、要介護者の介護が必要となった原因別割合を示す２つの資料があったとします。後の資料では、原因の第１位は認知症でした。この２つの資料から、「今後、ますます高齢者が増える中で、これまで以上に認知症予防に取り組む必要がある」との課題を導けます。

　このように、複数の資料を組み合わせることによって、そこから課題を導くことができます。

(2) 課題の具体例

　次に、どのような点が実際の課題になるのか、課題の具体例について整理してみます。

・現在の対策や事業が不十分

　課題に対して何の対応もしていないのであれば、早急に対策を講じる必要があります。また、既に都として対策や事業を行っているものの、十分な成果を挙げていない、もしくは対策や事業の終了までに時間がかかるということがあります。これも早急に対策が必要です。

・都民ニーズに応えていない

　アンケートで都民要望の上位の内容は、多くの都民が求めているものです。要望が高いということは、都の取組が不十分とも言えます。このため、これに対応することが求められます。

　ただ、すべての都民ニーズに応えられるわけではありません。限られた財源を割り振って事業を行うのですから、「何をして、何をしないか」という事業の選択が必要となります。また、実施にあたっては効率的・効果的に実施することが重要です。民間委託、事業の整理統合など、多面的な視点で考えることが必要です。

・都民への周知や協働体制が不十分

　この点も、都民との関係における課題です。施策を実施するにあたり、周知や広報が十分ではなく、都民の認識が不足している場合があります。せっかく行政サービスを提供しているにも関ら

ず、それが十分に知られていないのでは満足な効果は得られません。広報の充実などが重要です。また、行政サービスを提供するにあたり、都民や事業者との連携が不足している場合もあります。

・組織体制に問題がある

都庁内の関係部署間で情報共有がされていない、市区町村との連携ができていないなど、組織体制に課題があることがあります。また、国など関係機関への働きかけが十分でないことも課題になります。

3　「都政問題」解決策の内容

次に、都政問題の（2）で提案できる解決策を整理してみます。実際に論文に書く内容として、以下のような内容を提案することが考えられます。あくまで例示ですので、実際に使用する際には、問題に併せてアレンジしてください。

(1) 効果的な事業の検討

課題に対して何の対応もしていなければ、新たな事業を検討する必要があります。また、既に事業を行っていても、十分な成果を挙げられていないのなら、事業の内容を見直す必要があります。ただし、こうした場合、施設建設など多額の予算が必要なものは適当ではありません。

(2) 効率的な行政サービスの提供方法の検討

行政サービスを提供するにあたっては、効率的であることが望

まれます。このため、民間委託などのアウトソーシング、ＰＦＩ・ＰＰＰ・コンセッションの活用、住民やＮＰＯとの協働体制などを考える必要があります。

(3) 広報体制の充実

　住民等への広報の充実は、行政サービスの効果を高めます。広報体制が充実すれば、都民アンケートの結果も変わるかもしれません。また、現在では情報公開や情報提供のあり方が厳しく自治体に求められています。都民が気軽にかつ確実に情報を得られるよう、広報体制の充実を図ることが重要です。

　広報の具体的な方法としては、広報紙などの印刷物、ホームページ、ＳＮＳ（Twitter、Facebook など）、YouTube などの動画があります。また、住民説明会の開催、イベントなどの住民等が集まる場所での広報なども重要となります。

(4) 市区町村との連携

　どのような行政サービスを提供するにしても、市区町村との連携は必須です。市区町村への情報提供、市区町村からの情報収集、連携体制の確立などが考えられます。具体策としては、情報交換を行う場の設定や、何か事業を行う際に連携体制を構築するなどが考えられます。

(5) 国や他団体への働きかけ

　広域自治体である都だからこそ、国や他団体（他自治体、民間企業）へ働きかけを行うということも、有効な解決策になります。論文の提案内容としては、直接的に効果が高いとは言えない面も

ありますが、重要な解決策の１つとなります。

(6) 都庁内の連携体制の構築

　都庁内の連携体制の構築も、有効な解決策です。例えば、局を越えての連携を一から構築するというのは大変です。また、事業は１つの部署で完結するものでなく、他部署も関係することがよくあります。このように他部署をどのように巻き込むかということも、大事な視点になります。また、都庁内の情報共有を高めることも大事です。具体策としては、関係部署を含めた会議体の設置、ＰＴの活用などが考えられます。

4　「都政問題」の課題と解決策の対応関係

課　題	解決策
現在の対策や事業が不十分	・効果的な事業の検討
	・効率的な行政サービスの提供方法の検討
	・広報体制の充実
	・市区町村との連携
	・国や他団体への働きかけ
都民ニーズに応えていない	・効果的な事業の検討
	・効率的な行政サービスの提供方法の検討
	・広報体制の充実
	・国や他団体への働きかけ
都民への周知や協働体制が不十分	・効率的な行政サービスの提供方法の検討
	・広報体制の充実
	・市区町村との連携
組織体制に問題がある	・市区町村との連携
	・都庁内の連携体制の構築
	・国や他団体への働きかけ

II 「職場問題」対策

1　「職場問題」のポイント

　次に、職場問題のポイントについて整理します。一部、都政問題と重なりますが、職場問題のポイントは以下のように整理できます。

(1) 論理的な説明が重要

「事例や資料から課題を抽出する」、「課題に対して具体的な解決策を提示する」というこの一連の流れは、論文が論理的になっていることが必要だということです。反対に言えば、「事例や資料からはとても導き出せないような課題を抽出してしまう」、「課題の抽出が無理やり」という内容ではダメということです。

　同様に、課題と具体的な解決策が対応していない内容も不可です。例えば、「課題として（1）で問題提起しているのに、（2）の中でその対応策が書かれていない論文」や「具体的解決策を記述しているが、それが課題の解決に役立たない」という内容では論理的に破綻していると言わざるを得ません。

　つまり、「事例・資料　→　課題の抽出　→　具体的な解決策の提示」が論理的につながっていることが大事です。

(2) 決意表明は書かない

　人事委員会事務局の「主任級職選考の論文について」に、決意表明は評価の対象としないとあります。これまでの主任論文では決意表明を書くことが一般的でしたので、うっかり書かないように注意が必要です。

(3) 東京都の主任としてふさわしい具体的な解決策を書く

　具体的な解決策については、東京都の主任にふさわしい内容を書くことが必要です。主任ではできないような内容、例えば管理職がすべきことを書いては都の主任選考である意味がありません。このため、主任の役割（上司の補佐、上位の職員と下位の職員の間のパイプ役となる、下位の職員への指導など）については、もう一度確認しておきましょう。

　具体的な解決策を考えるにあたっては、過去の主任の合格論文を参考にすると良いでしょう。過去の合格者がどのような提案をしてきたかを確認すると、解決策の具体的なイメージを持つことができます。

(4) 実施する順番から書く

　論文における（2）については、実際に自分が主任になったとして、与えられた事例に対応すべき順番で記述します。つまり、自分が主任として行動する順番で解決策を書きます。

　なぜならば、与えられた事例には必ず問題があり、それを正常にする必要があるはずです。その場合、何から先に着手するかはとても大事です。緊急的に対応することから書かないと、問題の

解決は遅れてしまいます。

(5) 問題職場を正常化にして、そしてさらに改善する

　一般的に、職場問題では実際に何かしらの原因があってトラブルを抱えています。その職場を、一刻も早く正常化するのが急務です。しかし、単に正常化すれば良いのでなく、さらに職場より良くするための方策も必要です。つまりマイナスの職場をまずゼロにして、さらにプラスにするための努力です。このように先の先まで考えた解決策の方が、より深い内容となります。

　ただし、字数の関係でどうしてもそこまで答案に書き込めないこともありますので、絶対に書かなくてはいけないというものでもありません。まずは、職場の正常化が第一です。

2　「職場問題」課題の抽出方法

　ここでは、「職場に関する出題」における論文 (1) の部分のまとめ方について具体的に整理していきましょう。課題を設定する際に、以下のような視点で考えるとわかりやすいと思います。

・問題職員がいる

　職場に問題を起こす職員がいて、それが円滑な職場運営を妨げていることがあります。そうした職員を指導するのが主任の役割です。ただ、この問題職員の何が問題なのかは明確にする必要があります。組織人として行動できない、他者とコミュニケーションが取れない、与えられた職責を十分に果たす能力がない、など問題はいろいろとあります。課題を抽出する際には、こうした問

題職員のどの点が課題なのかを明確にする必要があります。

・職場の制度・仕組みが不十分

　円滑な職場運営を行うため、それぞれの職場において様々な制度や仕組みが運用されているのが一般的です。職員間の情報交換を行うために朝会を行う、すべての職員が同じ処理ができるようにマニュアルを作成する、情報共有するためにパソコンで共有フォルダを作成する、など様々です。

　そうした制度・仕組みがないために、事例の職場が円滑に運営されていないことがあります。例えば、職員間の情報交換を行う場がないため、職員間に情報格差がある。マニュアルがないため、職員によって対応が異なるなどです。事例の職場では、どのような制度・仕組みが不足しているかを考えてみると、課題が明確になることがあります。

・職員の能力発揮が阻害されている

　各職員が能力を最大限発揮することは、円滑な職場運営を行うためには必要です。しかし、それができておらず、何かしらの阻害要因がある場合があります。例えば、慢性的な超過勤務、定時退庁しにくい職場の雰囲気、職員間のコミュニケーションの不足、前例踏襲の職場、職場改善を嫌う職場環境などです。このように、本当はもっと職員の能力を活用できるのに、それを職場が阻害しているのです。この要因を探れば、課題を見つけやすくなります。

3　「職場問題」解決策の内容

　次に、職場問題の論文（2）で提案できる解決策を整理してみます。実際に論文に書く内容として、以下のような視点から提案することが考えられます。あくまで例示ですので、実際に答案で使用する際には、問題に併せてアレンジしてください。

(1) 問題職員への対応

　問題職員がいる場合、主任としてどのように対応するかは課題です。主任よりも下位の職員であれば、指導・育成を行うことが必要です。主任であるという立場から、どのように対応するのか、具体的な内容を提案することが必要です。もちろん「手取り足取り」指導するのでは自分の業務にも影響を与えてしまいますから、そうした点も踏まえ、ＯＪＴなどの現実的な内容であることが求められます。また、指導・育成の内容も大事です。担当業務を処理できない、組織人のルールをわかっていない、など具体的な課題に対応した解決策であることが求められます。

　問題職員が同僚であったり、上位の人間であったりすることもあります。こうした円滑な職場運営の観点から、主任としてどのように行動するのかが求められます。例えば、そうした職員とコミュニケーションを図る、課長代理などへ当該職員の意見を伝えるなどパイプ役になる、問題職員を含めて話し合う場を設定する、などの方法があります。

(2) 定例会議の開催

　事例職場において、事業の進捗管理ができていない、２つの部署の情報交換を行う場がない、同じ業務を担当する職員間の情報が共有されていない、職員間のコミュニケーションができていない、などの事例については、定例会議の場を設定することが有効です。

　ただ、主任が直接的にこうした会議の設置を自ら行うということはあまりありません。実際には、「会議の設置を課長代理に提案する」という表現になるかと思います。会議の目的、頻度、出席者、期待される効果などを明確にした上で提案すれば説得力ある内容となります。

(3) 研修・勉強会の開催

　事例職場において、職員の業務処理能力に課題があるような場合は、研修や勉強会を実施し、職員の能力向上を図る必要があります。研修・勉強会を実施することにより、職員全体で問題意識を共有することができますし、能力の向上にもつながります。さらに、コミュニケーションの活性化も期待できます。

(4) 情報共有体制の確立

　事例職場において、職員間で情報が共有されていない場合、情報共有の体制を構築することが必要です。例えば、先の定例会議の開催もその１つですが、マニュアルの作成なども、解決策としてはよく提示されるものです。その他にも、パソコンの共有フォルダの活用、ホワイトボードなど掲示板の活用、各種回覧なども

あります。

(5) ペア制の実施

　事例職場において、担当職員が独任制となっている場合、不在時に住民からの問い合わせに答えられない、担当職員が十分に職責を果たせない場合にフォローできるシステムがない、などの問題が発生します。これを避けるための仕組みとして、ペア制の実施が有効です。

　これは、担当の事務を主担当・副担当のペアにしておき、どちらかが不在であっても、その事務について誰もわからないという事態を防ぐことができます。また、経験の浅い者を主担当、ベテランを副担当としておけば、職員の育成を図ることも可能となります。

(6) 連携体制の構築

　事例職場において、A課長代理のグループとB課長代理のグループの連携が上手くいっていないなどの問題が発生します。こうした場合に、連携体制をどのように構築するか、ということが課題になります。例えば、先のような両者による会議体を設置し、その中で進捗管理を行ったり、都民目線に立った業務の効率化の検討を行ったり、事業全体の見直しを行うことが考えられます。形式的な会議でなく、どのように実効性を担保できるか、具体的に説明することが求められます。また、応援体制の構築も考えられます。

(7) 広報体制の充実

　事例職場で、住民への周知が十分でなく、そのために不便が生じていることがあります。また、相談対応の職場などであれば、広報が不十分のために、相談時間が長くなってしまっているようなこともあります。こうした場合には、広報の充実が求められます。

　具体策としては、ホームページ、ＳＮＳの活用などはもちろんのこと、動画やリーフレット、広報紙の活用もあります。また、住民説明会を開催したり、住民等が集まる場所に直接行ったりして、周知することなども重要となります。

(8) 住民等への対応

　事例職場で、住民との間に信頼関係が構築されておらず、この解決が求められていることがあります。信頼関係を構築するためには、住民等のところへ出向き直接話すこともありますし、住民等との間で定例的な会議を開催することも想定されます。

　これ以外にも、都が行おうとしていることに反対している住民などへの対応も検討する必要があります。この対応としては、住民説明会やワークショップの開催などの手法もあります。

4　「職場問題」の課題と解決策の対応関係

課　題	解決策
問題職員がいる	・問題職員への対応
	・研修・勉強会の開催
	・連携体制の構築
職場の制度・仕組みが不十分	・定例会議の開催
	・研修・勉強会の開催
	・情報共有体制の確立
	・ペア制の実施
	・連携体制の構築
	・広報体制の充実
	・住民等への対応
職員の能力発揮が阻害されている	・定例会議の開催
	・研修・勉強会の開催
	・情報共有体制の確立
	・ペア制の実施
	・連携体制の構築

第2章

論文作成の注意点

I　論文作成・形式上の注意点

1　原稿用紙の使い方

　まず、原稿用紙の正しい使い方ですが、正しく原稿用紙を使うことは、合格論文の前提です。具体的な注意点は、以下のとおりです。

　第一に、縦書きと横書きを間違えないことです。冗談のように聞こえるかもしれませんが、縦書きと横書きを間違える受験生がいます。必ず指定された書き方で記述する必要があります。通常は、横書きに指定されていることが多いと思います。

　第二に、句読点（。や、）、括弧（「　」＜　＞）、記号などは1字として数え、原稿用紙の1マスを用います。「　」については、他の文字と一緒にしている方がいますが、原則は1マスを使います。

　第三に、句読点や閉じ括弧（」や）など）は行頭には用いません。前の行の最後のマスに他の字と一緒にするか、行外に記載します。

　第四に、段落の冒頭は1マス空けます。改行して新たな段落を書き出す場合に、最初の1マスを空けるのです。

　第五に、数字は2つで1マスに入れます。2021年であれば、「20」、「21」、「年」がそれぞれ1マスとなります。2021すべてを

１マスに記入する受験生もいますので、注意が必要です。

　第六に、訂正の方法です。論文を一通り書き上げた後で、間違いに気がつく場合があります。マス目が不足している場合は、∧や∨を使って、修正します。採点官にわかるように、はっきりと記述することが大事です。なお、修正は最小限にすべきで、欄外に大幅な修正をすることは望ましくありません。

　原稿用紙の使い方を間違えただけでも、減点の対象です。こんなことで減点されるのは非常にもったいないことです。最低限、原稿用紙の使い方だけは、論文の勉強の前に確認しておきましょう。

2　簡潔明瞭な表現

　文章は、簡潔明瞭な表現を心がけてください。「何を当たり前のことを！」と考えるかもしれませんが、実際の添削の場面では、理解不能な文章が結構あります。採点官が、「これは、こういうことを意味しているのかな」、「ここの趣旨はこういうことかな」と推測して読まざるを得ない文章では困ります。これではとても合格論文とはなりません。

　採点官が理解できる文章を書き、採点官を納得させることは、受験生の責任です。自分が主任として適格であることを、文章でもって証明する必要があるのです。先のように、採点官が受験生の文章を解読しなければ分からない文章であれば、合格は難しいでしょう。

　昇任論文に、個性や名文であることは必要ありません。昇任論文で求められていることは、文章の上手さや、難しい専門用語の

多用ではなく、あくまで主任として問題意識を持ち、採点官を納得させられる、わかりやすい文章が書けることです。

　ですので、ひとりよがりの文章を書いたり、自分の文章に酔ったりするのでは困ります。一般の社会人であるならば誰でも理解できる文章であることが必要です。

3　文字は丁寧に書く

　文字は丁寧に書いてください。上手な字ではありません。丁寧な字です。文字の上手い、下手ではなく、採点官が読める字であることが大事です。

　受験生は、試験当日には緊張し、あせっていることも十分にわかります。しかし、当然のことながら、採点官が読めない、解読できない文字では採点することはできません。採点官が読める文字で書くように気を配ってください。殴り書きや、乱暴な文字では、採点官は受験生の姿勢に疑問を持ってしまいます。これに関連して、注意点が2点あります。

　第一に、試験前には必ず手書きで練習してください。おそらく、論文を作成し始めの頃は、パソコンで作成すると思うのですが、試験が近づいてきたら、必ず手書きで練習してください。現在、長時間ペンで文字を書くという経験がなかなかありません。

　このため、勉強はパソコンで行ってきて、試験当日にいきなりペンで答案用紙を書こうと思っても、非常に困難なのです。ペンで書き続ける力が、本当に不足しているのです。実際にペンで論文を書き上げるために、どのくらい時間がかかるかを必ず検証してください。

　第二に、癖字や文字の薄さに注意してください。日本語の「へ」が「1」になったり、「て」が「7」に見えたりと、癖字の人が結構います。手書きで文章を書かないために、そうした癖字に気付かないのです。また、論文の文字が薄いのも困ります。通常、論文は複数の人間が採点しますので、コピーをします。このため、文字が薄いとやはり読めないのです。はっきりと書くようにしてください。

　いずれにしても、採点官が読めなければ、論文は採点することもできません。文章を書き上げた後の加除も含め、十分注意してください。

4　誤字脱字に注意

　誤字脱字は、減点の対象です。もちろん、1つ2つ程度であれば、大きな減点になることはありません。多数の誤字脱字があれば、大幅な減点も覚悟しなければいけません。

　特に注意してほしいのは、論文の中で多用する用語を間違い、誤字を繰り返す場合です。例えば、「不可欠」を「不可決」、「効率的」を「功率的」とするなどがその例です。前述しましたが、現在の我々は実際にペンで文字を書くという機会が非常に減りました。ほとんどの人がパソコンを用いています。このため、漢字が書けない、間違って覚えているということが非常に多いのです。やはり、試験前には実際に手書きすることは非常に重要です。また、試験当日は、論文を完成させた後、必ず読み直して、誤字脱字がないかチェックしてください。

　もし、漢字に自信がない場合には、他の用語に変えたり、ひら

がなで表記したりして減点されないように注意しましょう。無理
して書いて、減点されるより安全です。

　なお、試験前の練習で論文を書く際には、不明な文字や記憶が
曖昧な感じなどは、辞書を引いたり、パソコンで調べたりする癖
をつけておいてください。論文で用いる用語はだいたい決まって
います。日頃から、調べる癖をつけておけば、試験当日に必ず役
立ちます。

5　文字数は上限ぎりぎりに

　文字数は、できれば上限ぎりぎりに書きましょう。例えば、主
任選考の問題 (2) では「文字数 1,200 字以上 1,500 字程度」と指
定されています。この場合、文字数が 1,200 字未満であれば、間
違いなく減点されると思います。場合によっては、採点されない
恐れもあります。

　また、文字数超過については、上限の 1 割(先の例であれば、1,650
字) を超えなければ良いとも言われています。文字数の下限と異
なり 10 字や 20 字程度オーバーしても、それほど神経質になるこ
とはないと思います。ただし、大幅な超過はやはり避けた方が無
難です。

　文字数は、上限ぎりぎりで書くことが求められます。これは、
当然のことながら文字数が多い方が、内容が充実しているのが普
通だからです。文字数が少ないものよりも、文字数が多い方が内
容も深まっているはずです。ですから、受験生としては、文字数
上限を目指すべきで、下限をクリアすれば良いという姿勢では困
ります。

　また、「文字数が多い＝内容が充実する」という理屈から言えば、同じ内容を繰り返して書いたり、論文の内容には直接関係のないことを書き込んだりしても、それは高得点にはならないことは理解できるかと思います。

　なお、文字数を稼ごうとして、途中で空白の行を設けたり、やたら改行を繰り返したり、左 1 列目をすべて空白にしたりするのは論外です。これでは、原稿用紙の使い方を理解していないこととなり、やはり減点の対象です。また、論文を書き終えた後で、追加したり、削除したりする場合でも、全体の文字数には十分注意することが必要です。

Ⅱ　論文作成・内容上の注意点

1　評論ではなく、何をするかを書く

　昇任論文では、評論でなく、昇任したら何をするかを書くことが必要です。

　昇任論文は、大学の卒論や研究者の論文とは異なります。こうした論文は、基本的なスタンスは評論です。文章のスタイルとしては「○○と考えられる」、「△△をすべきだ」、「□□と想定される」など、基本的には第三者的な立場から記述されています。つまりは他人事なのです。論文と聞いて勘違いしてしまい、こうした評論を書いてしまう受験生は案外いるのです。

　しかし、昇任論文で求められるのは、行政の実務担当者として「昇任したら何をするか」です。当事者意識が必要なのです。他人事の評論は不要ですし、こうした文章を書いただけで、採点官は「この受験生は昇任論文というものを理解していない！」と判断してしまいます。その一文だけで不合格になる可能性は大きいのです。

　当然のことながら、昇任試験はその受験生が昇任ポストにふさわしい人物なのかを判断するために実施するものです。つまり、試験を実施する立場からすれば「この受験生は主任になったら、何をしてくれるのか」といったその具体的内容を知りたいのです。決して、受験生の評論を聞きたいわけではないのです。

　では、もう一歩進めて、具体的にどのようなことを書けばよい

のでしょうか。これは、採点官が具体的な行動としてイメージできることが必要です。例えば、職場問題であれば単に「職員間のコミュニケーションを活性化する」ではなく、「週に1回、担当職員で会議を開催し、意見交換を行う」といった具体的な行動なのです。これを実施することによって、「職員間のコミュニケーションを活性化する」ことができます。

2　都の現状を踏まえている

　論文で提示する解決策については、東京都の現状を踏まえていることが必要です。

　これも当然のことなのですが、案外できていない人が多いのです。例えば、政策提案の内容が「これは、もう既に実施している内容だ」、「このような提案は、都の実態を踏まえれば不可能だ」というような内容であれば、とても合格基準をクリアすることは困難です。実態にそぐわない内容を提案しても、現実味がありません。

　これは、都政課題だけでなく、職場問題でも同様です。「毎朝、職員に業務報告をさせる」、「必ず部下に課題を与えて、その内容を毎週発表させる」など、採点官からすれば「そんなこと、本当にできるの？」というような内容では困ります。試験だからと言って、あまりに理想ばかり書いても、採点官を納得させることはできません。

　確かに昇任論文では、理想や改善案を書くのですが、それが現実とかけ離れた内容では困ります。採点官は内容に疑問を抱いてしまいます。そうかといって、あまりに現実だけにとらわれて、

先進的な内容が少しもないというのも困ります。東京都の現状を踏まえ、その一歩先の提案が求められるのです。この微妙な部分が、正に論文で問われているといっても良いかと思います。この点を理解しないと合格はできません。これは、単に昇任試験としての論文対策という意味だけでなく、職員として必要な感覚とも言えます。

　つまり、試験にあたっては、そのテーマ（分野）で東京都がどのような取組みを行っているのか、現実はどのようになっているのかを踏まえる必要があるのです。試験する立場から言えば、そのテーマ（分野）について、受験生にきちんと勉強しておいてほしい、という意味もあるのです。

3　論理にこだわる

　これまでも指摘していますが、論理にこだわることは大事です。論文は論理的な文章であることは、これまで述べてきました。論理的飛躍や矛盾は論文にとって、致命傷です。

　主任選考の論文では、唯一の模範解答は存在しません。都政問題でも、職場問題でも、答案のパターンはいくつもあります。ただ、どの答案のパターンでも必ず論理的な文章となっていることだけは必要条件です。これまでも述べてきましたが、「資料から、○○という課題が指摘できます。その○○について、××という解決策を行うことが必要です」というのが論文の大まかな流れになっています。

　このため、採点官が「この資料から○○という課題は指摘できないよ」とか、「○○という課題に対して、××という解決策を行っ

たとしても、それは本当に効果的と言えるのか」、「××を行っても、○○の課題は解消されないのでは」などと考えてしまったら、論文としては不十分だということになります。

　資料（事実）から積み上げていって、課題、解決策を導くわけです。このため、受験生からすれば、採点官に１つ１つその論理（理屈）を証明していく必要があるわけです。どの資料（事実）に注目するのかは、受験生によって異なります。また、解決策の内容も１つとは限りません。このため、唯一の模範解答は存在しません。ただ、受験生は採点官に論理的に説明して、自分の主張の正当性を証明する必要があるのです。

4　論理とは何か　客観的データ・事実

　ここからは、論理とは何かということについて、少し一般的な説明をします。直接、今回の論文対策につながらない点もありますが、論理的思考を養うためには参考になります。読者の方も、もう一度「論理とは何か」を考えてみてください。

　まず、客観的データ・事実です。例えば、論文の (1) では、都政や職場の課題を指摘します。この際、受験生の示す課題が、なぜ都政や職場の課題であると主張できるのか、説明する必要があります。

　例えば、「都は、これまで以上に首都直下地震対策を実施する必要がある」という主張をするとします。その理由・根拠は、「都民アンケートによると、都民の首都直下地震への不安が年々増加している」とか「都民の都政に期待することの第１位は、首都直下地震対策」であるとなれば、主張とその理由が明確です。はっき

りとした因果関係となります。

　また職場問題でも「住民から、事業所のホームページがわかりにくいと多数の意見が寄せられている」という事実があれば、「早急に事業所のホームページについて見直しを行う」といった主張ができます。

　このように客観的データや事実は主張を裏付ける理由・根拠となります。

5　論理とは何か　一般的ルール＋事例＝結論

　次に、一般的ルールと事例を組み合わせて、結論（主張）を導く方法です。

　この方法は、一般的に三段論法、演繹法とも言われる方法です。「山田は人間である。人間は必ず死ぬ。つまり、山田は必ず死ぬ」というような論法で、「A は B である。B は C である。つまり、A は C である」というものです。この三段論法はよく知られていますが、これは、「一般的ルール＋事例」でも説明できます。

　つまり、一般的ルールとは「人間は必ず死ぬ」であり、事例は「山田は人間」です。これにより同様の結果が得られるのです。一般的ルールとは、道理とか当然の事実ともいうべきもので、事例は実際に目にしたものを示します。

　これを論文で用いるとすると、一般的ルールは「効率的に事務を執行しなければならない」、事例が「係内で二人の職員が同じ作業を行っていた」とすると、「業務の執行について見直す必要がある」との結論が導き出せます。結論の部分については、これ以外にも「業務の執行体制に問題がある」でも「担当職員で業務の執

行について検討する必要がある」でも構いません。

　このように文章を組み立てると、「効率的な業務執行」の必要性について論理的に説明することができ、採点官への説得力が高まります。なお、この論理は万能というわけではありません。先の事例で結論として「二人の職員の資質に問題がある」ではおかしなことになります。常識に照らし、内容に問題がないか確認する必要があります。

6　論理とは何か　複数の事例からルールを導く

　次に、帰納法と呼ばれる方法です。これは、複数の事例から、一般的なルールを導く方法です。①財政課の A 君は、毎日遅くまで残業している、②財政課の B 君は、毎日午後 9 時前には帰ったことがないと言っている、③財政課の C 君は、今月の残業時間は 100 時間を越えたと言っている、という複数の事例から「財政課は忙しい」という結論を導くことができます。

　もちろん、結論は「財政課の職員は残業が多い」でも「財政課は 1 人あたりの仕事量が多い」でも構いません。ただし、前項と同様に、常識に照らし、内容に問題がないか確認する必要があります。例えば、結論を「財政課は効率的に業務を行っていない」としてしまうと、「残業が多い＝効率的でない」とは断定できませんので疑問が残ります。

　これを実際に論文で活用する方法としては、例えば、論文の (1) の課題の抽出があります。「第一に、職員の接遇が不十分な点である。依然として、事業所への苦情はがきの 10％は職員の対応への苦情となっている。また、メールでも職員の対応に問題があると

の指摘が毎月 10 件程度ある。さらに、窓口でのトラブルも頻発している。このため、職員の住民に対する接遇は十分とは言えない」のように、はがき、メール、窓口でのトラブルという事例を列挙して、「職員の接遇が不十分」という結論を導きだしているのです。

　今の例は、複数の事例を集めて、そこから一般的なルールを見つけようとするものですが、反対の使い方をすることもできます。それは、受験生がある主張をするために、そのための事例を資料から探すということです。「自分の主張に適した材料をいかに見つけるか」という視点で考えれば、資料のポイントも見つけやすくなります。

7　論理とは何か　ロジックツリー

　ロジックツリーとは、論理木とも呼ばれるものです。ロジック（論理）のツリー（木）を意味し、あるテーマについて掘り下げたり、原因を探ったりするために、階層のツリー状にして考える方法です。

　例えば、ダイエットするという目的であれば、①食事制限をする、②体内消費量を上げる、の２つに区分できるとします。①は、さらに、朝食を減らす、昼食を減らす、夕食を減らす・・・というように細分化できます。また、例えば夕食を減らすの方法としては、お酒を飲まない、ご飯の量を減らす・・・などが考えられます。

　このように、最初の目的（ダイエットする）に対して、手段として食事制限をする、体内消費量を上げるがあります。次に、食事制限をするを今度は目的として、その手段として朝食を減らす・・・などがあるわけです。つまり、前者と後者の関係が目的－手段

の関係になるわけです。こうした体系をツリー上に並べられるのです。

　では、ここで論文での使用例を考えてみましょう。例えば、論文の (2) の解決策が「都の財政状況を改善するためには」であれば、仮に「歳入を増やす」、「歳出を減らす」、2 つに分類したとします。そのうち「歳入を増やす」の下には、「税の収納率を上げる」、「広告事業を行う」などがあるとします。「広告事業を行う」の下には、「壁面広告を行う」、「ネーミングライツを行う」・・・などが想定されます。これも、先ほどと同じように目的－手段の関係になっています。

　実際の論文では、「第一に、歳入を増やすことである。まず、更なる嘱託員やインターネットバンキングの活用により、税収の収納率の向上を図る。また、壁面広告やネーミングライツなどの広告事業に新たに取り組む・・・これにより歳入を増加させることができる」とまとめるのです。まず、全体の解決策を述べ、その下にその解決策の具体的手段について明記するのです。このように表記すると、説得力ある文章とすることができます。

8　論理とは何か　ＭＥＣＥ

　ＭＥＣＥ（ミッシー）は、漏れなくダブリなくということです。あるものを分類する際に、漏れなくダブリなく分けるということで、ＭＥＣＥとは「相互に排他的な項目による完全な全体集合」を意味します。

　これは試験結果を例にしますと、100 点満点のテストへの対応として、50 点未満であれば不合格、50 点以上 70 点未満であれば

追試、それ以外の70点以上であれば合格というような分類です。この分類であれば、不合格・追試・合格の3つの結果しかありません。2つの判定を下される人はいません。A＋B＋Cがすべて(完全)で、つまり漏れなくダブリなくとなります。

　これを実際の論文で活用する際には、解決策を考える視点に役立ちます。例えば、「事業所職員の防災意識を高める」というテーマに対し、「○○担当の職員には、消防署主催の研修に参加させる。□□担当の職員にはロールプレイング研修の受講を必須とする。所長には、災害対策本部運営訓練に参加してもらう」というような提案を行うとします。

　これであれば、職員を①○○担当、②□□担当、③所長（管理職）の3つの区分に分類しています。この①〜③のどの区分にも属しない職員がいるとすると、「全職員」とはなりませんので、論理的に矛盾していることになります。

　例えば、防災対策であれば、自助・共助・公助という考え方が一般的です（自助とは自分の命は自分で守るための対策、共助とは地域で助け合う対策、公助は公的な機関による対策）。解決策を3点考える際には、どのような視点・切り口で考えるかが重要となります。いつもこのＭＥＣＥが使えるわけではないのですが、1つの有効な方法となります。

Ⅲ　論文作成・時間配分に注意

　試験当日の対策として、時間配分には注意が必要です。試験時間は限られていますから、理想から言えば、①事例・資料を読む（○分）、②論文の構成を考える（○分）、③論文を書く（○分）、④論文を見直す（○分）と、時間配分を明確にしておいた方が望ましいです。このため、前述したように、論文を実際に手書きした場合、どの程度の時間を要するかについては、事前に把握しておくべきです。

　また、試験当日に初めて問題を見るのが一般的ですから、いきなり答案用紙に論文を書き始めるということはありません。事例・資料を読み、論文の構成を考え、そして書くこととなります。ただし、あまり論文の構成に時間をかけていると、論文を完成することができません。途中で時間終了となってしまわないように、注意する必要があります。

　このため、論文の構成が完全に出来上がっていなくても、ある程度の時間になったら、書き始めることも必要になってくると思います。実際には、書きながら新たなことを思いついたり、方向性が決まったりすることはあることですので、論文の構成だけに時間を取られるのは良くありません。また、あせっていても、文字は採点官が読めるように、丁寧に書くように配慮してください。

　なお、論文の書き方についてパターン化ができていれば、そのパターンに当日の問題文の内容を当てはめるだけで、ある程度論

文の大枠は埋めることができます。また、最後に見直す時間も必ず確保するようにしてください。書いている時にはわからなくても、読み直すことで、誤字脱字や表現の間違いなどに気が付くものです。

Ⅳ　効果的な勉強方法

　最後に、勉強方法について説明します。まず、前提として人事委員会事務局の文書などを読み、試験の全体像・ねらいなどは必ず確認してください。

　次に、できるだけ合格論文を読むことが重要です。試験に合格することが目的なのですから、合格基準がどの程度なのかを知らなければ、そのレベルに達することはできません。時々、受験生同士で勉強会を組織し、そこで論文を互いに評価しあうというようなことがあるようです。無意味とまでは言いませんが、それよりももっと多くの合格論文を読み、自分で論文を作成する時間を確保した方が実力になります。

　なお、合格論文については、出題形式は異なりますが、今回の試験制度改正前のものでも構いません。以前の制度においても、論文の (2) で書く内容などは大きく変わりません。このため、この部分については、今回の試験制度でも有効です。

　それが困難な場合は、市販の本を購入し、自分が受験する試験の形式に近いものを収集します。「職場事例で学ぶ　自治体職員仕事の作法　課題解決　主任編」（公人の友社）などが参考になります。なお、書籍以外でも都政新報などにも合格論文が掲載されることがあります。

　次に、練習問題などを実際に解いて、添削してもらうことです。誰に添削してもらうかは重要です。添削者は過去の合格者や管理

職に依頼しましょう。どうしても近くに採点をしてくれる管理職がいない場合には、ある程度の金額が必要となりますが、出版社が実施している通信講座などを利用することも考えられます。

　1つ合格論文を書き上げることができると、論文を書くコツが何となくつかめてきます。

第3章
練習問題と解答例

［都政に関する出題］ ＡⅠ類のみ

【練習問題１】 （人事委員会事務局の問題）

　東京都は、少子高齢化、人口減少社会の将来的な到来、首都直下地震の脅威などの様々な課題への対応が求められている。このようなことを踏まえて、東京に住む誰もが安心して暮らせる都市を実現するために、どのような取組を行うべきか、次の (1)、(2)に分けて述べてください。

(1)　都民が安心して暮らせる東京を実現するために何が課題か、資料を分析して課題を抽出し、簡潔に述べてください。
（300 字以上 500 字程度）

(2)　(1) で述べた課題に対して、都は具体的にどのような取組を行なっていくべきか、その理由とともに述べてください。
（1,200 字以上 1,500 字程度）

資料 1

表4-2-1　都政への要望上位5位－エリア別

(%)

	n	1　位	2　位	3　位	4　位	5　位
全　　　　体	1,805	高　齢　者 53.5	防　　　災 48.6	治　　　安 48.1	医療・衛生 41.7	行　財　政 27.1
区　部　(計)	1,179	高　齢　者 51.7	治　　　安 49.8	防　　　災 48.9	医療・衛生 40.5	行　財　政 27.5
センター・コア	313	治　　　安 47.9	防　　　災 46.0	高　齢　者 45.7	医療・衛生 32.9	交　通　安　全 26.8
区部東部・北部	386	高　齢　者 55.4	治　　　安 48.4	防　　　災 45.3	医療・衛生 43.0	交　通　安　全 25.4
区部西部・南部	480	防　　　災 53.8	高　齢　者 52.5	治　　　安 52.1	医療・衛生 43.3	行　財　政 30.8
市町村部 (計)	626	高　齢　者 56.9	防　　　災 48.1	治　　　安 45.0	医療・衛生 43.9	行　財　政 26.5
多　摩　東　部	233	高　齢　者 54.5	防　　　災 48.5	治　　　安 44.6	医療・衛生 36.5	行　財　政 24.9
多摩中央部北	98	高　齢　者 64.3	防　　　災 54.1	治安／医療・衛生 44.9		消　費　生　活 25.5
多摩中央部南	250	高　齢　者 53.6	医療・衛生 50.0	治　　　安 46.8	防　　　災 45.6	行　財　政 29.2
多摩西部・島しょ	45	高　齢　者 71.1	防災／医療・衛生 46.7		治　　　安 37.8	行　財　政 35.6

出典：東京都生活文化局「都民生活に関する世論調査」（平成 28 年 7 月調査）より抜粋

資料２

表4-2-2　都政への要望上位5位－性・年齢別

(%)

	n	1位	2位	3位	4位	5位
全体	1,805	高齢者 53.5	防災 48.6	治安 48.1	医療・衛生 41.7	行財政 27.1
男性（計）	878	高齢者 49.5	治安 48.1	防災 46.1	医療・衛生 38.6	行財政 29.3
18・19歳	12	治安 50.0	行財政／交通安全／少子化・子供 41.7			防災／医療・衛生／学校教育 33.3
20代	78	治安 38.5	行財政 35.9	防災 33.3	少子化・子供 32.1	高齢者 28.2
30代	119	治安 51.3	防災 40.3	医療・衛生 34.5	少子化・子供 33.6	交通安全 26.1
40代	160	治安 56.3	防災 43.8	高齢者 41.3	行財政 31.3	環境／医療・衛生 30.0
50代	161	高齢者 55.9	防災 51.6	治安 48.4	医療・衛生 38.5	行財政 35.4
60代	172	高齢者 63.4	防災 52.9	治安 44.2	医療・衛生 42.4	行財政 27.9
70歳以上	176	高齢者 67.6	医療・衛生 51.7	防災 47.2	治安 46.0	交通安全 29.0
女性（計）	927	高齢者 57.2	防災 51.0	治安 48.2	医療・衛生 44.6	行財政 25.1
18・19歳	6	行財政／高齢者 50.0			職業能力開発、雇用対策／消費生活／少子化・子供 33.3	
20代	83	治安 49.4	防災 45.8	少子化・子供 37.3	医療・衛生 31.3	行財政／交通安全／高齢者 26.5
30代	116	防災 48.3	治安 46.6	少子化・子供 43.1	高齢者 41.4	医療・衛生 32.8
40代	190	防災 50.0	治安 48.9	高齢者 46.3	医療・衛生 43.7	学校教育 28.9
50代	157	高齢者 64.3	防災 58.6	医療・衛生 51.6	治安 51.0	行財政 30.6
60代	175	高齢者 70.9	防災 60.6	治安 49.1	医療・衛生 49.1	消費生活 30.3
70歳以上	200	高齢者 72.0	医療・衛生 49.5	治安 46.0	防災 42.5	消費生活 27.0

資料３

図４－３　具体的な要望施策

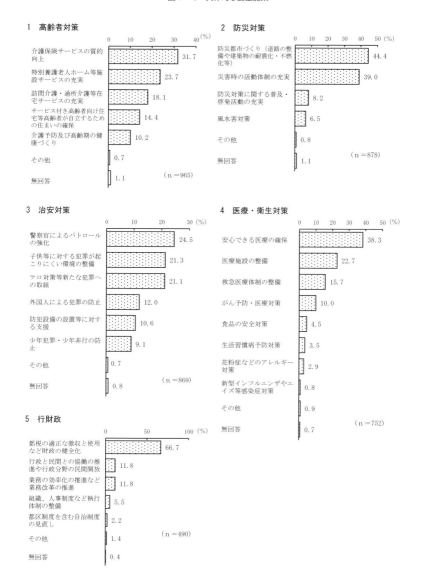

1　高齢者対策

施策	(%)
介護保険サービスの質的向上	31.7
特別養護老人ホーム等施設サービスの充実	23.7
訪問介護・通所介護等在宅サービスの充実	18.1
サービス付き高齢者向け住宅等高齢者が自立するための住まいの確保	14.4
介護予防及び高齢期の健康づくり	10.2
その他	0.7
無回答	1.1

（n＝965）

2　防災対策

施策	(%)
防災都市づくり（道路の整備や建築物の耐震化・不燃化等）	44.4
災害時の活動体制の充実	39.0
防災対策に関する普及・啓発活動の充実	8.2
風水害対策	6.5
その他	0.8
無回答	1.1

（n＝878）

3　治安対策

施策	(%)
警察官によるパトロールの強化	24.5
子供等に対する犯罪が起こりにくい環境の整備	21.3
テロ対策等新たな犯罪への取組	21.1
外国人による犯罪の防止	12.0
防犯設備の設置等に対する支援	10.6
少年犯罪・少年非行の防止	9.1
その他	0.7
無回答	0.8

（n＝869）

4　医療・衛生対策

施策	(%)
安心できる医療の確保	38.3
医療施設の整備	22.7
救急医療体制の整備	15.7
がん予防・医療対策	10.0
食品の安全対策	4.5
生活習慣病予防対策	3.5
花粉症などのアレルギー対策	2.9
新型インフルエンザやエイズ等感染症対策	0.8
その他	0.9
無回答	0.7

（n＝752）

5　行財政

施策	(%)
都税の適正な徴収と使用など財政の健全化	66.7
行政と民間との協働の推進や行政分野の民間開放	11.8
業務の効率化の推進など業務改革の推進	11.8
組織、人事制度など執行体制の整備	5.5
都区制度を含む自治制度の見直し	2.2
その他	1.4
無回答	0.4

（n＝490）

【練習問題１　解答例】

（１）

　都民が安心して暮らせる東京を実現するため、課題として次の３点が指摘できる。

　第一に、高齢者対策が十分とは言えない点である。資料２によると、都政への要望の中で高齢者対策が最上位であり、分野別で唯一50％を超えている。また、男女ともに50代以上で１位となっている。また、資料３によると、施設整備や訪問介護サービスの充実など、多岐にわたる分野で要望がある。今後、更なる高齢化の進展が見込まれており、これからも高齢者対策の充実が求められる。

　第二に、防災対策が十分とは言えない点である。資料１・２によると、防災対策は都政への要望の第２位となっており、男女ともに同様の結果となっている。また、資料３からは、道路の整備や建築物の耐震化・不燃化等の防災都市づくりに対する要望が高い。こうした分野では、都民や事業者だけで実現することは難しく、都の役割が大きい。また、実現のためには多額の予算と時間も必要である。

　第三に、更なる治安対策が求められている点である。資料１によると、治安対策は都政への要望第３位となっているが、区部で

は第2位となっている。また、資料2の男女別でも男性の第2位となっており、区部や男性の不安が大きいことがわかる。都民の安全安心を確保するためには、治安対策は最も基本であり、都はこうした都民の要望に応えていく必要がある。

（2）

　(1) を踏まえ、今後都は具体的取組として、次の3点を実施する必要がある。

　第一に、ハード・ソフト両面にわたる高齢者対策の充実である。まず、特別養護老人ホーム等の施設整備にあたっては、未利用の都有地の情報をこれまで以上に積極的に区市町村に提供する。具体的には、当面利用見込みのない都有地については、小規模な用地であっても、できるだけ速やかに当該自治体に連絡する。また、新設だけでなく、大規模改修等のための一時的な都有地利用なども促進する。さらに、事業者が積極的に施設整備に乗り出せるよう、情報提供や支援制度の拡充を行う。

　次に、ソフト事業の充実を行う。具体的には、事業者や区市町村などへのヒアリングを通じ要望を把握し、事業に反映させる。また、介護予防や認知症対策など、自治体共通の課題に対しては、各種パンフレットや動画の作成を行い、区市町村を支援すると共に、都民への啓発を図る。さらに、全国の自治体での成功事例や

先駆的な取り組みについて、広く都民、自治体、事業者へ周知を行う。

こうした取り組みにより、ハード・ソフト両面にわたり高齢者対策を充実させることができる。

第二に、民間建築物耐震化と木造密集地域不燃化の推進である。大地震が発生した場合、建物の倒壊により大きな被害が発生することが見込まれている。このため、民間建築物の耐震化は極めて重要であるが、所有者の負担等もあることから、なかなか進まない実態がある。このため、特定緊急輸送道路沿道建築物など、防災上も重要な建築物の耐震化については、助成額の引き上げとともに、更なる周知やＰＲを行う。具体的には、区市町村とともに、該当建築物の所有者への戸別訪問を実施する。また、木造住宅や老朽化したマンションの所有者に対しても個別通知の発送や、ホームページや動画の活用など、あらゆる機会を通じてその重要性を訴えていく。

また、木造密集地域の不燃化を更に促進する。具体的には、まず地域での説明会を繰り返し実施し、その必要性を説明する。また、居住者に対して優先的に都営住宅等へ入居できるようにするとともに、特に高齢者については、今後の生活を含めた全体的な相談となるように、関係部署とも連携を図っていく。

こうした取り組みにより、防災対策を促進することができ、都

民の生命と財産を守ることができる。

　第三に、安全安心のための環境整備である。現在、子どもを取り巻く犯罪や事件、事故などが多発しており、子どもの安全安心が脅かされている。このため、まず誘拐などが起きやすい、一人きりになっても大人が目につかない死角などの、防犯上の検証を行う。検証にあたっては、保育園や学校の保護者などにも協力してもらい、認識を共有してもらう。

　また、地域でワークショップを開催して、地域住民に自分の地域の安全性について認識してもらう。ワークショップでは、地域の防犯マップを親子で一緒に作成するとともに、住民同士で話し合いを行うことで、防犯意識を高めてもらう。特に、日中には在宅していないサラリーマンなどの男性に参加を促し、地域への関心を高めてもらう。

　こうした取り組みにより、治安対策を推進することができるとともに、都民への営発も進めることができる。

　以上、高齢者対策、防災対策、治安対策とも、いずれも都政の大きな課題である。都民が安心して暮らせる東京を実現するためには、都は都民の要望に確実に応えていく必要がある。

［都政に関する出題］　ＡⅠ類のみ

【練習問題２】

　　東京都には、都民から都政運営について多くの要望が寄せられています。都民に信頼される都政を実現するためには、どのような取組を行うべきか、次の (1)、(2) に分けて述べてください。

(1)　都民に信頼される都政を実現するために何が課題か、資料を分析して課題を抽出し、簡潔に述べてください。

（300 字以上 500 字程度）

(2)（1）で述べた課題に対して、都は具体的にどのような取組を行っていくべきか、その理由とともに述べてください。

（1,200 字以上 1,500 字程度）

資料1

4 都政への要望

※4−1 これからの都政の進め方

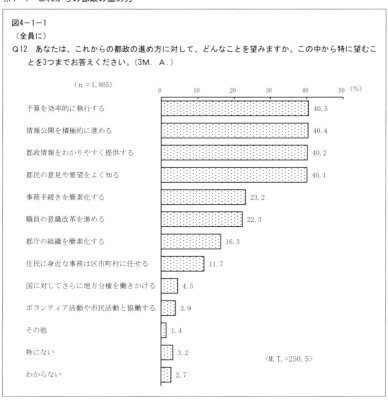

図4−1−1
（全員に）
Q12 あなたは、これからの都政の進め方に対して、どんなことを望みますか。この中から特に望むことを3つまでお答えください。（3M．A．）

（n＝1,805）

項目	%
予算を効率的に執行する	40.5
情報公開を積極的に進める	40.4
都政情報をわかりやすく提供する	40.2
都民の意見や要望をよく知る	40.1
事務手続きを簡素化する	23.2
職員の意識改革を進める	22.3
都庁の組織を簡素化する	16.3
住民に身近な事務は区市町村に任せる	11.7
国に対してさらに地方分権を働きかける	4.5
ボランティア活動や市民活動と協働する	3.9
その他	1.4
特にない	3.2
わからない	2.7

〈M.T.＝250.5〉

資料2

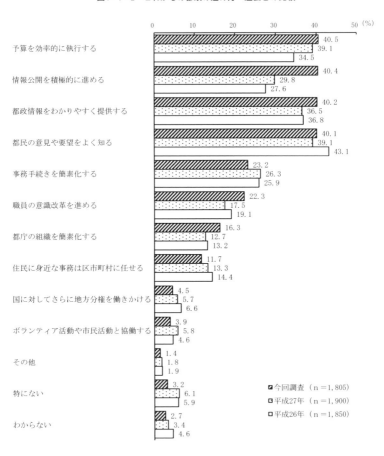

図4−1−2　これからの都政の進め方−過去との比較

予算を効率的に執行する
40.5
39.1
34.5

情報公開を積極的に進める
40.4
29.8
27.6

都政情報をわかりやすく提供する
40.2
36.5
36.8

都民の意見や要望をよく知る
40.1
39.1
43.1

事務手続きを簡素化する
23.2
26.3
25.9

職員の意識改革を進める
22.3
17.5
19.1

都庁の組織を簡素化する
16.3
12.7
13.2

住民に身近な事務は区市町村に任せる
11.7
13.3
14.4

国に対してさらに地方分権を働きかける
4.5
5.7
6.6

ボランティア活動や市民活動と協働する
3.9
5.8
4.6

その他
1.4
1.8
1.9

特にない
3.2
6.1
5.9

わからない
2.7
3.4
4.6

■今回調査（n＝1,805）
□平成27年（n＝1,900）
□平成26年（n＝1,850）

資料 3

表4-1-1　これからの都政の進め方－エリア別、性・年齢別

(%)

	n	予算を効率的に執行する	情報公開を積極的に進め	都政情報をわかりやすく提供する	都民の意見や要望をよく知る	事務手続きを簡素化する	職員の意識改革を進める	都庁の組織を簡素化する	住民に身近な事務は区市町村に任せる	国に対して働きかけさらに地方分権を働かせる	ボランティア活動や市民活動と協働する	その他	特にない	わからない
全　　　体	1,805	40.5	40.4	40.2	40.1	23.2	22.3	16.3	11.7	4.5	3.9	1.4	3.2	2.7
＜ エ リ ア 別 ＞														
区　部　（計）	1,179	40.1	40.6	42.2	40.5	24.1	21.1	14.8	10.3	4.1	4.2	1.7	3.6	2.6
センター・コア	313	38.7	46.0	43.1	35.5	23.6	21.7	13.4	7.7	3.8	3.2	2.6	2.9	1.6
区部東部・北部	386	39.6	37.0	42.7	39.6	25.1	17.9	14.2	13.5	4.4	4.7	1.8	4.9	3.1
区部西部・南部	480	41.5	40.0	41.0	44.4	23.5	23.3	16.0	9.4	4.0	4.6	1.0	3.1	2.9
市町村部　（計）	626	41.2	39.9	36.6	39.3	21.6	24.6	19.3	14.4	5.4	3.2	1.0	2.4	2.7
多　摩　東　部	233	43.8	39.9	33.9	33.0	20.2	19.3	20.2	15.9	6.0	3.0	0.4	3.9	3.0
多 摩 中 央 部 北	98	29.6	42.9	32.7	41.8	15.3	23.5	18.4	17.3	7.1	7.1	1.0	3.1	5.1
多 摩 中 央 部 南	250	42.8	38.4	40.4	43.2	24.4	29.6	19.2	12.8	4.0	2.4	1.2	1.2	2.0
多摩西部・島しょ	45	44.4	42.2	37.8	44.4	26.7	26.7	17.8	8.9	6.7	－		2.2	
＜ 性 ・ 年 齢 別 ＞														
男　　性　（計）	878	41.6	43.3	36.3	35.2	21.8	23.5	18.9	13.4	5.2	4.0	1.9	3.6	1.7
18 ・ 19 歳	12	41.7	33.3	25.0	33.3	25.0	41.7	25.0	－	－	－		8.3	8.3
20　　　代	78	39.7	38.5	44.9	37.2	25.6	11.5	14.1	3.8	2.6	6.4	2.6	2.6	5.1
30　　　代	119	41.2	46.2	37.8	40.3	24.4	26.9	10.9	8.4	8.4	1.7	1.7	2.5	
40　　　代	160	44.4	45.6	39.4	40.0	26.9	20.6	14.4	14.4	6.9	3.1	1.3	3.1	
50　　　代	161	47.8	41.0	36.6	39.8	21.7	26.1	21.7	11.2	6.2	3.7	1.2	1.9	1.2
60　　　代	172	41.3	40.7	27.9	26.7	19.2	27.3	26.2	19.8	4.1	5.8	2.9	4.7	2.3
70 歳 以 上	176	34.7	46.6	37.5	30.7	15.9	21.6	20.5	17.0	3.4	4.0	2.3	5.7	2.3
女　　性　（計）	927	39.5	37.6	43.9	44.7	24.6	21.3	13.9	10.0	3.9	3.8	1.0	2.8	3.6
18 ・ 19 歳	6	16.7	33.3	83.3	33.3	－	－	－	－	16.7	16.7			
20　　　代	83	48.2	38.6	45.8	51.8	27.7	9.6	3.6	7.2	1.2	3.6	－	3.6	4.8
30　　　代	116	51.7	34.5	44.8	50.0	35.3	23.3	10.3	8.6	1.7	1.7		1.7	0.9
40　　　代	190	45.8	41.6	39.5	50.0	25.3	18.9	11.6	8.9	4.2	2.6	1.6	1.1	3.7
50　　　代	157	42.7	42.7	46.5	47.8	25.5	23.6	15.3	12.1	5.1	4.5		0.6	1.3
60　　　代	175	32.0	36.0	48.6	42.9	24.0	28.6	22.3	12.0	4.6	4.6	1.1	2.3	2.3
70 歳 以 上	200	27.5	33.0	39.5	33.0	17.0	19.5	14.5	10.0	4.0	4.5	2.0	7.0	7.5

【練習問題２　解答例】

（１）

　都民に信頼される都政を実現するための課題は、以下の３点である。

　第一に、効率的な行政運営が十分とは言えない点である。資料２によると、効率的な予算執行は、都政に対する要望の第１位である。また、経年的に見ても、都民の要望が高くなっている。さらに、資料３によると、この要望はエリア別、性・年齢別に大きな差異はなく、ほぼ４割前後となっている。このことは、都民が効率的な行政運営が十分と感じていないことを示しており、対応が必要である。

　第二に、情報公開が不十分な点である。資料２によると、情報公開は要望の第２位であり、また過去と比較すると、今回の調査で大きく数値が伸びている。このことは、都民の情報公開に対する意識が高まり、都政の情報公開が十分と考えない都民が増えていることを示してしる。このため、更なる情報公開を進める必要がある。

　第三に、都民ニーズの把握が不十分な点である。資料３によると、「都民の意見や要望をよく知る」は要望の第４位となっているが、特に20代から60代の女性の比率が高くなっている。このことは、

この層は自分たちの意見や要望が都に十分に届いていないと感じていることを示している。都民ニーズの把握は都政運営の基本であり、対策が必要である。

（2）

　(1) を踏まえ、都民に信頼される都政を実現するための具体的取組として、次の３点を実施する必要がある。

　第一に、徹底した事業の見直しと職員の意識改革である。事業によっては、未だに前例踏襲で実施されているものも少なくない。事業の目的や方法の検証が十分でないと、都民ニーズに合致していなかったり、非効率な方法で実施したりする可能性がある。このため、事業実施にあたっては、常にゼロベースで検証する。また、実施する場合でも民間委託などのアウトソーシング、ＰＦＩやＰＰＰの活用、ＡＩやＲＰＡの導入など、効果的な方法を検討する。

　また、効率的な行政運営を実現するためには、職員の徹底した意識改革も必要である。このため、まず情報の共有化を図り、事務の効率化を認識してもらう。共有フォルダを活用して情報共有を行い、業務の進捗状況を明らかにする。また、事業の実施にあたっては、常に費用対効果を検証し、コスト意識を高める。さらに、他自治体の情報を積極的に吸収するようにして職員の意識改革を図る。

　こうした取り組みにより、これまで以上に効率的な行政運営が可能となる。

　第二に、都民にわかりやすい、更なる情報公開の推進である。これまでも、都は情報公開に努めてきたが、未だ十分とは言えない。情報公開には、法令等に基づくものや公文書開示制度のような義務的に公開するものと、都が任意的に公開するものがある。後者は窓口対応や自主的な情報提供であるが、未だに都民が問い合わせしなければならないこともある。このため、任意的な公開の内容については、職場単位で検証し、更なる情報公開に努める。

　また、情報公開のあり方についても改善を行う。情報によっては、担当窓口に来ないとわからなかったり、せっかく情報を公開してもわかりにくかったりすることがある。このため、パンフレットやホームページの活用はもちろんのこと、マンガ、ＳＮＳ、動画の活用など、都民にとってわかりやすい方法で情報を提供していく。

　こうした取り組みを実施することで、これまで以上に情報公開を推進することができ、都政の透明性を高めることができる。

　第三に、あらゆる機会を通じた都民ニーズの把握である。現在、都民の要望を把握するためにパブリックコメントや意識調査、アンケートなど、様々な方法が活用されている。しかしながら、形式的になっているとの指摘もある。このため、今後はＳＮＳの活用、

ホームページでのアンケート実施など、これまで以上によりきめ細かく意見を集めるようにする。

　また、住民一人一人の意見を聞くため、区市町村が実施する住民説明会などにも、積極的に出席するようにする。都職員もオブザーバー参加することで、例えば保育園保護者や学校 PTA などの意見を聴取することが可能となる。実際に意見交換をすることにより、単なるアンケートなどでは把握できない生の要望も把握できる。

　こうした取り組みにより、これまで以上に都民ニーズを把握することができ、様々な事業へ反映することが可能となる。

　都民に信頼される都政を実現するためには、これまで述べてきたような様々な取り組みを行っていく必要がある。都民の要望はこれからも高度化・複雑化していくが、今後とも都民の要望を確実に把握し、都民の信頼に応えていく必要がある。

［都政に関する出題］　ＡⅠ類のみ

【練習問題３】

　首都直下地震が発生した場合、東京では人的・物的に甚大な被害が想定されています。このことを踏まえて、東京に住む誰もが安心して暮らせる都市を実現するためには、どのような取組を行うべきか、次の (1)、(2) に分けて述べてください。

(1)　東京都の首都直下地震対策として何が課題か、資料を分析して課題を抽出し、簡潔に述べてください。
                            （300 字以上 500 字程度）

(2)（1）で述べた課題に対して、都は具体的にどのような取組を行っていくべきか、その理由とともに述べてください。
                            （1,200 字以上 1,500 字程度）

資料1

首都直下地震について

Q4　首都直下地震に対して、あなたはどのような不安がありますか。次の中から3つまで選んでください。

(3MA)　(n＝466)

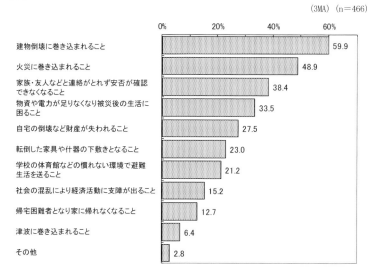

建物倒壊に巻き込まれること	59.9
火災に巻き込まれること	48.9
家族・友人などと連絡がとれず安否が確認できなくなること	38.4
物資や電力が足りなくなり被災後の生活に困ること	33.5
自宅の倒壊など財産が失われること	27.5
転倒した家具や什器の下敷きとなること	23.0
学校の体育館などの慣れない環境で避難生活を送ること	21.2
社会の混乱により経済活動に支障が出ること	15.2
帰宅困難者となり家に帰れなくなること	12.7
津波に巻き込まれること	6.4
その他	2.8

平成28年度　第5回インターネット都政モニター
「2020年に向けた実行プラン（仮称）の策定に向けて」調査結果（東京都）より抜粋

資料２

首都直下地震に向けた対策（ハード面）

Q5　首都直下地震の発生に備えて行政がとるべきハード面の対策（施設整備等）として、あなたは何
　　が重要だと思いますか。次の中から３つまで選んでください。

(3MA)（n＝466）

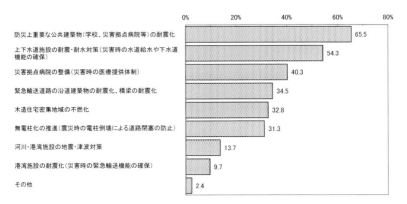

防災上重要な公共建築物（学校、災害拠点病院等）の耐震化　65.5
上下水道施設の耐震・耐水対策（災害時の水道給水や下水道機能の確保）　54.3
災害拠点病院の整備（災害時の医療提供体制）　40.3
緊急輸送道路の沿道建築物の耐震化、橋梁の耐震化　34.5
木造住宅密集地域の不燃化　32.8
無電柱化の推進（震災時の電柱倒壊による道路閉塞の防止）　31.3
河川・港湾施設の地震・津波対策　13.7
港湾施設の耐震化（災害時の緊急輸送機能の確保）　9.7
その他　2.4

平成28年度　第５回インターネット都政モニター
「2020年に向けた実行プラン（仮称）の策定に向けて」調査結果（東京都）より抜粋

資料3

首都直下地震に向けた対策（ソフト面）

Q6　首都直下地震の発生に備えて行政がとるべきソフト面の対策（防災訓練等）として、あなたは何が重要だと思いますか。次の中から3つまで選んでください。

(3MA)（n＝466）

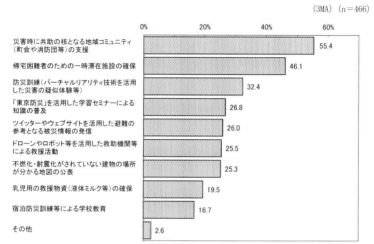

平成28年度　第5回インターネット都政モニター
「2020年に向けた実行プラン（仮称）の策定に向けて」調査結果（東京都）より抜粋

【練習問題３　解答例】

（１）

　東京都の首都直下地震対策における課題は、以下の３点である。

　第一に、ハード整備への対応が十分とは言えない点である。資料１によると、都民の不安として「建物倒壊に巻き込まれること」が約６割ある。また、資料２のハード面の要望としては、公共建築物の耐震化が65.5％、上下水道の耐震・耐水対策が53.4％と、他の要望よりも割合が高くなっている。これは、都民がハード整備を必要と感じていることを示しており、ハード整備への対応が十分とは言えない。

　第二に、共助の体制が十分とは言えない点である。資料３では、ソフト対策の要望として「災害時に共助の核となるコミュニティの支援」が６割弱と最も多い。また、資料１でも「家族や友人と連絡がとれず安否が確認できなくなること」が３位となっており、災害時に不安を抱えることが見込まれる。こうしたことから、共助の体制を確立することが求められる。

　第三に、被災後の生活への対策が十分でない点である。資料１によると、都民の不安として「物資や電力が足りなくなり被災後の生活に困ること」が３割強となっている。また、資料３では先の共助体制の必要性に加え、宿泊防災訓練等による学校教育の要

望もある。これらは、都民が被災後の生活に不安を抱えていることを示しており、都として不安を取り除く取り組みが必要である。

（２）

　(1) の課題を踏まえ、都は以下の３点に取り組む必要がある。

　第一に、建築物耐震化と木造密集地域不燃化の推進である。都は、防災上重要な公共建築物の耐震化を令和４年度までに終了させるとしている。こうした施設は応急活動の拠点等になることからスピード感をもって対応する。また、特定緊急輸送道路沿道建築物など、防災上も重要である耐震化については、助成額の引き上げとともに、更なる周知やＰＲを行う。さらに、区市町村と連携して民間建築物の耐震化についても促進していく。

　次に、木造密集地域の不燃化を促進する。具体的には、まず、地域の説明会を繰り返し実施し、その必要性を説明する。また、居住者に対して優先的に都営住宅等へ入居できるようにするとともに、特に高齢者については、今後の生活も含めた全体的な相談ができるように、関連部署とも連携を図っていく。

　このような取り組みを行うことで、防災上のハードを整備することができ、建物の倒壊等を防ぐことができる。

　第二に、共助の体制確立に向けた支援を行うことである。共助は、地域住民が主体的に構築するものであるが、行政が支援や援助を

行うことで共助体制の構築を支援する。まず、地域への専門家の派遣とワークショップの開催である。これまでも、地域防災訓練が実施されているが、自主防災組織や消防団が主体となっている。このため、防災専門家を派遣し、その地域の特性分析や、地域住民が話し合うワークショップを開催する。これにより、例年実施している防災訓練とは違った視点から啓発を行うことができ、また住民同士の交流も深めることができる。

　また、専門家の派遣は、いきなりすべての地域で行うことはできない。このため、先行事例として実施したケースを紹介し、広めていく取り組みが必要となる。このため、実際に行った内容をパンフレットや動画にまとめ、都民の啓発材料としてＰＲすることが効果的である。

　このような取り組みを行うことによって、共助体制を構築することができ、各地域の防災力を向上させることができる。

　第三に、自助・共助・公助の各段階において、被災後の生活対策を促進することである。まず、自助としては、被災後の生活のためにそれぞれの都民が準備することが必要である。このため、これまでと同様に備蓄食糧や防災用品のＰＲを行う。また、被災後の生活の様子がわかる動画やＤＶＤを作成し、都民が具体的なイメージを持てるようにする。

　次に共助として、地域で行う宿泊防災訓練の支援を行う。具体

的には、宿泊訓練実施時への補助や機材貸出などの支援を行う。また、阪神淡路大震災や東日本大震災などの過去の災害時の避難所生活の様子をパンフレットにまとめ、訓練参加者に配布する。さらに、公助としては都の備蓄物資の充実を図る。備蓄物資は、新型コロナウイルス感染症のような社会状況の変化に柔軟に対応して、準備することが重要である。このため、被災後も都民が安心して生活を送れるよう、不断の見直しを行う。

　このような取り組みを行うことで、被災後の生活対策を促進することができ、都民の不安を取り除くことができる。

　以上のように、首都直下地震対策として、様々な面から事業を実施することが重要である。首都直下地震はいつ発生するかわからず、日頃から震災を想定した準備が必要であり、総合的な防災対策が求められる。

［都政に関する出題］　ＡⅠ類のみ

【練習問題４】

　東京は、今後も魅力あふれる都市として人々から選ばれ、都市間競争に勝ち抜くことが期待されています。このようなことを踏まえて、魅力あふれる都市を実現するために、どのような取組を行うべきか、次の (1)、(2) に分けて述べてください。

(1)　魅力あふれる都市・東京を実現するために何が課題か、資料を分析して課題を抽出し、簡潔に述べてください。

（300 字以上 500 字程度）

(2)（1）で述べた課題に対して、都は具体的にどのような取組を行っていくべきか、その理由とともに述べてください。

（1,200 字以上 1,500 字程度）

資料1

東京の良いところ（長所）

Q4　東京の良いところ（長所）は何だと思いますか。
次の中から3つまで選んでください。

(3MA)（n＝471）

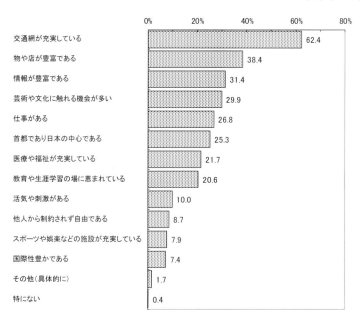

平成28年度　第4回インターネット都政モニター
「東京と都政に対する関心」調査結果（東京都）より抜粋

資料2

◎ 参考　東京の良いところ（長所）の経年変化（平成24年度〜平成28年度）

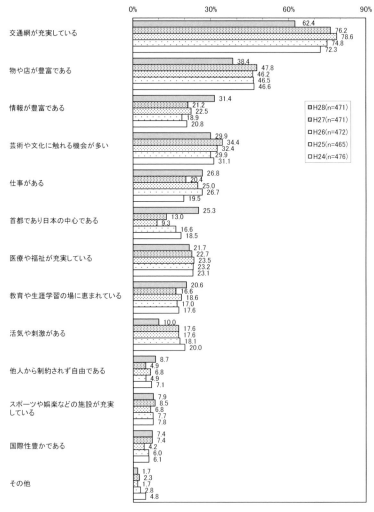

	凡例
	H28(n=471)
	H27(n=471)
	H26(n=472)
	H25(n=465)
	H24(n=476)

項目	H28	H27	H26	H25	H24
交通網が充実している	62.4	76.2	78.6	74.8	72.3
物や店が豊富である	38.4	47.8	46.2	46.5	46.6
情報が豊富である	31.4	21.2	22.5	18.9	20.8
芸術や文化に触れる機会が多い	29.9	34.4	32.4	29.9	31.1
仕事がある	26.8	20.4	25.0	26.7	19.5
首都であり日本の中心である	25.3	13.0	9.3	16.6	18.5
医療や福祉が充実している	21.7	22.7	23.5	23.2	23.1
教育や生涯学習の場に恵まれている	20.6	16.6	18.6	17.0	17.6
活気や刺激がある	10.0	17.6	17.6	18.1	20.0
他人から制約されず自由である	8.7	4.9	6.8	4.9	7.1
スポーツや娯楽などの施設が充実している	7.9	8.5	6.8	7.7	7.8
国際性豊かである	7.4	7.4	4.2	6.0	6.1
その他	1.7	2.3	1.7	2.8	4.8

平成28年度　第4回インターネット都政モニター
「東京と都政に対する関心」調査結果（東京都）より抜粋

資料３

東京の良くないところ（短所）

Q5　東京の良くないところ（短所）は何だと思いますか。
次の中から３つまで選んでください。

(3MA)（n＝471）

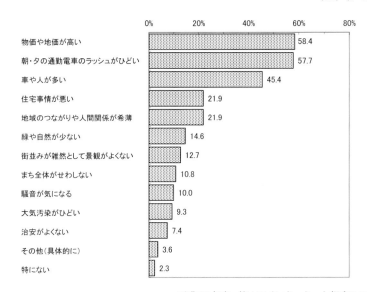

平成 28 年度　第４回インターネット都政モニター
「東京と都政に対する関心」調査結果（東京都）より抜粋

資料４

◎ 参考　東京の良くないところ（短所）の経年変化（平成24年度〜平成28年度）

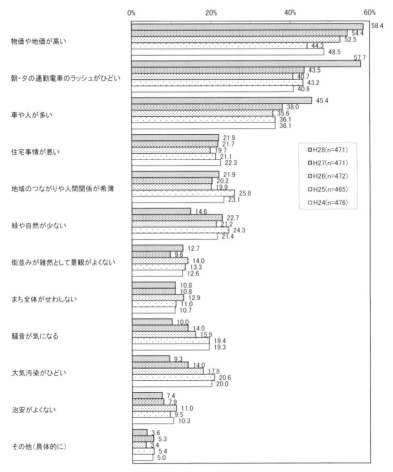

平成28年度　第4回インターネット都政モニター
「東京と都政に対する関心」調査結果（東京都）より抜粋

【練習問題４　解答例】

（１）

　魅力あふれる都市・東京の実現の課題として、次の３点が指摘できる。

　第一に、社会的弱者の住宅対策が十分とは言えない点である。資料３によると、東京の短所として、約６割が物価や地価が高いと回答し、また住宅事情が悪いことも２割となっている。この２点から考えると、生活困窮者などの社会的弱者の住宅対策が課題であると指摘できる。

　第二に、通勤などの混雑対策が十分でないことである。資料４によると、東京の短所として、「朝・夕の通勤電車のラッシュがひどい」が６割弱、「車や人が多い」が５割弱となっており、いずれも過去の調査結果と比較すると、大きく比率が上昇している。このため、通勤などの混雑緩和に向けた取り組みが求められる。

　第三に、地域コミュニティの活性化が不足している点である。資料４によると、地域のつながりや人間関係の希薄さについて、過去から一定割合の回答がある。また、資料２の結果を見ても、「他人から制約されず自由である」ことを長所としているものの、上位にコミュニティに満足を示す回答がない。このため、地域コミュニティ活性化に向けた取り組みが求められる。

（2）

(1) の課題を踏まえ、魅力あふれる都市・東京を実現するため、次の取り組みを行う。

第一に、都営住宅建替の推進と民間アパート所有者等への広報である。都内には 26 万戸の都営住宅があるが、そのうちの約 10 万戸は昭和 40 年代以前に建設されており、老朽化による更新時期を迎えている。また、居住者の多くが高齢者という住宅もある。このため、スピード感を持って建替を促進する。具体的には、建替の際に高層化と居住空間の充実を行う。建替にあたっては、現居住者の移転だけでなく、ひとり親家庭や生活困窮者などの社会的弱者はもちろんのこと、若者も入居できるようにして、居住者のバランスを図る。同時に、都営住宅の周辺地域の整備を行い、地域の活性化を図る。

次に、民間アパート所有者等への広報を行う。民間アパート所有者の中には社会的弱者の入居に、心理的なハードルがある者もいるとされている。このため、所有者向けに区市町村とも連携し、そうしたハードルを取り除くためのパンフレットなどを作成し、広く周知を図る。

こうした取り組みにより、社会的弱者の居住環境を充実させることができる。

　第二に、リモートワーク・時差ビズの推進とシェアリングサービス導入への支援である。まず、在宅勤務などのリモートワーク、時差ビズの導入を推進する。現在、民間企業のテレワーク導入に対して支援を行っているが、今後は補助拡大とともに、導入した事業者に対して入札や融資利率の優遇、表彰制度などを実施し、更なる支援を行う。

　また、マイカー通勤を減少させるため、コミュニティサイクルの活用、カーシェアリングの利用を促進する。まず、コミュニティサイクルについては実施地域拡大のため、区市町村とも連携し、その可能性を探っていく。また、カーシェアリングを行う事業者に対しては、都有地を減免して貸し出すなど、都として支援を行っていく。

　こうした取り組みにより、通勤などの混雑を緩和することができ、都民の満足度を高めることができる。

　第三に、見守りネットワークの強化と地域防災訓練への支援である。東京は匿名性が高く、他からの制約が少なくて済むというメリットがある。しかし一方で、周囲の関わりを持たないために、困窮しても支援を求めない、孤独死してしまうなどの問題も発生している。このため、地域による見守りネットワークを強化する。具体的には、高齢者などの見守りを行うグループを増やすため、町会やボランティアなどあらゆる団体への広報を行う。また、民

生・児童委員活動を充実させるため、活動費の充実を図り、民生・児童委員の不足を解消するとともに見守り体制を強化する。

　次に、住民の交流を促進するため、地域防災訓練への支援を行う。まず、自主防災組織などの地域団体が防災訓練を実施する際に、訓練参加者に防災グッズを支給できるようにする。また、子どもの参加を促すために、ＶＲを活用した防災訓練機材の貸し出しを行う。これにより、地域住民の参加を促すことができ、地域防災訓練を住民の交流の場とすることができる。

　こうした取り組みを実施することにより、地域コミュニティの活性化を実現することができる。

　以上が、東京を更に魅力的な都市とするための取り組みである。東京には、更なる少子高齢化や人口減少など、不安要素も少なくない。今後とも東京が選ばれる都市となり、都市間競争に勝ち抜いていかねばならない。

［職場に関する出題］　ＡⅠ類、ＡⅡ類共通

【練習問題５】　（人事委員会事務局の問題）

　　あなたは、ある事業所で施設運営を担当する主任として本年４月に配属された。

　　あなたと一緒に施設運営担当に配属された新規採用職員のＣ主事は、業務を行う際に、独断で仕事を進めることが多く、周囲と連携・協力せず、組織として仕事を行う心構えが全くできていない様子であった。これについて、Ａ課長代理から何度も指導を受けたが、Ｃは自分のやり方を正しいと思い込み、改める様子はなかった。

　　こうした状況から、次第にＣの業務停滞の影響が事業所の内外に見られるようになり、Ａはその対応策に着手することにした。

　　その一方で、あなたはＣやＣの仕事の一部をフォローしているＢ主事からそれぞれ不満を打ち明けられるなど、施設運営担当の業務改善の必要性や職場環境の悪化を痛感していた。

---

(1)　設問の職場における、Ｃ主事の育成と施設の円滑な業務運営を行う上での課題について、簡潔に述べてください。

　　　　　　　　　　　　　　　　　　　（300字以上500字程度）

(2)　(1)で述べた課題に対して、今後、あなたはどのように課題解決に向けて取り組んでいくべきか、主任に期待される役割を踏まえて、具体的に述べてください。

　　　　　　　　　　　　　　　　　（1,200字以上1,500字程度）

資料1 ○○○事業所の組織図

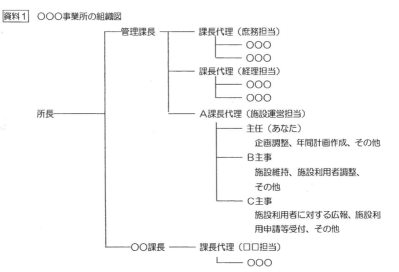

資料2 Ｃ主事の主な行動及び関連する出来事

4月	・新規採用職員として管理課に配属される（他企業での勤務経験なし）。
↓	・主任（あなた）が、Ｃ主事のチューターとなる。
	・Ａ課長代理から、担当する業務の説明と指示を受ける。
	・担当業務について、課長代理等に相談することなく独断で進めてしまうとともに、遅れが散見されるようになる。
	・業務の進捗に関する上司への報告はない。
	・施設利用に関するＰＲポスターを作ったが、難解な長文で分かりづらい。
	・マニュアルにない新たな業務に取り掛かるに当たり時間が掛かり、業務が停滞する。
	・Ａ課長代理から度々指導を受ける。
	・○○○事業所全体の運営にも支障が見られるようになり、Ｃ主事の業務の一部を主任（あなた）とＢ主事とで分担するようになる。
	・Ｃ主事に対するＡ課長代理の指導に関して、Ｃ主事が主任（あなた）に不満を漏らす。
7月	・Ｂ主事の担当業務が増えて、Ｂ主事が日常的に不満を漏らすようになる。

資料3　施設運営担当の月別合計残業時間

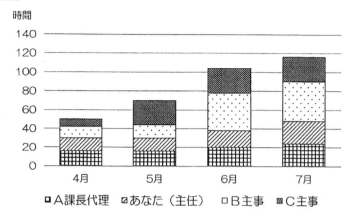

資料4　〇〇〇事業所における苦情等の件数の推移及び6月・7月の苦情等の内訳

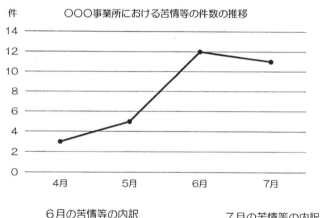

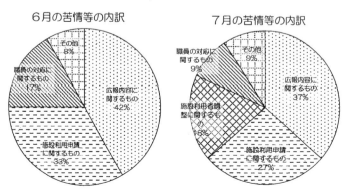

【練習問題５　解答例】

（１）

　本事例及び資料から読み取れる、Ｃ主事の育成と施設の円滑な業務運営を行う上での課題は、以下のとおりである。

　第一に、Ｃ主事が組織人としてのルールを理解していないことである。事例には、周囲と連携・協力しないこと、自分のやり方を正しいと思い込み、改める様子はないとある。また資料２では、Ｃ主事が業務を独断で進めてしまう、進捗報告をしていない、指導に関して不満を漏らすなどとある。以上のことから、Ｃ主事は組織人としてのルールを早急に身に付ける必要がある。

　第二に、Ｃ主事が業務で十分な成果を挙げられていないことである。資料２には、ＰＲポスターが難解・長文でわかりにくいこと、新たな業務に取り掛かるのに時間がかかるとある。また、資料４からは、事業所の苦情件数が増加してきており、その内訳はＣ主事が担当している広報や施設利用に関するものの比率が多くなっている。以上のことから、Ｃ主事が与えられた職責を果たせるようにする必要がある。

　第三に、組織としてＣ主事をフォローできる体制ができておらず、円滑な業務運営ができていないことである。資料３からは、施設運営担当の残業時間や苦情件数の増加が読み取れる。その理

由は C 主事に大きな原因があるとしても、一方でそれをフォロー
する組織運営ができていないことも示している。このため、施設
運営担当として、円滑な組織運営が行える体制を構築する必要が
ある。

（2）

(1) を踏まえ、私は主任として以下の 3 点を行う。

第一に、C 主事に組織人のルールや仕事の進め方を指導するこ
とである。まず、C 主事が担当業務を行う際に、チューターであ
る私が C 主事の業務の進捗管理を行う。期限、求められる成果な
どを明確にし、C 主事とともに認識を共有する。C 主事が独断で
行わないように、当面は業務の進捗状況や成果を随時確認する。

また、他職員に協力を依頼したり、上司へ報告したりする際に
は同行して組織人としてのルールを教える。実施にあたっては C
主事と二人で話す時間を設け、本人の意見や考えも十分に聞きな
がら指導も行う。本人が理解し、行動できるようになれば、少し
ずつ本人に任せ、自立心を育成する。また、こうした状況を適宜
課長代理に報告する。

これにより、C 主事が組織のルールを理解するとともに、職責
を全うできる能力を身に付けることができる。

第二に、C 主事とそれ以外の職員のパイプ役になることである。

　まず、先のＣ主事との話し合いの内容について、課長代理やＢ主事にも適宜説明する。Ｃ主事は組織人として不足している部分があるが、どのような考えを持って業務を行っているかなど、Ｃ主事の考えを課長代理などにも理解してもらう。その中で、どのようにＣ主事とのコミュニケーションを改善できるか、課長代理などとも話し合う。

　また、Ｃ主事への指導にあたっては、課長代理の指導方針なども確認するとともに、Ｂ主事の意見なども確認する。Ｃ主事との関係をいかに改善できるか話し合いを行い、今後の方向性を確認する。さらに、内容によっては課長代理などの意向もＣ主事に伝え、Ｃ主事に課長代理の思いなどを理解してもらうようにする。

　このように、自分が両者のパイプ役となることで、課長代理・Ｂ主事とＣ主事との関係を改善することができ、組織運営を正常化させることができる。

　第三に、円滑な組織運営に向け、改善案を提案することである。まず、超過勤務の見直しである。現在、Ｃ主事の影響により、施設運営担当の残業時間が増えている。Ｃ主事の育成の程度もあるが、どのようにしたら残業時間を縮減できるか、担当内で話し合いを行う。その中で、作業工程の見直し、マニュアル作成・共有フォルダの設置などによる情報の共有化などの改善策についても具体的に検討する。

　次に、広報内容や施設利用申請業務の見直しを行う。これら業務については、Ｃ主事の担当であるが、苦情件数が多いことを踏まえると、施設運営担当全体で検討する必要がある。Ｃ主事以外の職員にも問題を共有してもらうことで、全体で業務の改善につなげることができる。さらに、業務のペア制の導入を提案する。現在の業務は独任制となっており、担当者の業務が停滞してしまうと、直接組織運営に影響が出てしまう。このため、ペア制を導入し、フォローできる体制を確立する。

　こうした取り組みにより、残業時間の縮減や効率的な業務執行が可能となる。

　以上の取り組み３点を実施する。実施にあたっては、各人の状況を十分に把握した上で行う。また、Ｃ主事がすぐに理解できなくても地道に取り組んでいく。これによって、Ｃ主事の育成を図ることができ、円滑な業務運営が可能となる。

[職場に関する出題]　ＡⅠ類、ＡⅡ類共通

【練習問題６】

　下記の事例と資料を分析し、次の (1)、(2) に分けて述べてください。

　あなたは、都民からの相談を受ける事業所の主任として本年４月に配属された。事業所には所長のもとに、管理担当のＡ課長代理と、相談担当のＢ課長代理がおり、あなたは相談担当の業務に従事している。相談担当の職員は、事業所３年目のＢ課長代理、あなた (主任)、事業所４年目となるＣ主事、新人職員のＤ主事がいる。Ｄは事業所内研修などに不満を抱え、なかなか一人前に育たず時間が経過した。このため、しばらくして担当業務の一部変更なども行われた。一方で、相談業務は個人の力量に頼ることが多く、確実なノウハウの継承ができていない面もあった。

　７月になったが、Ｄは依然として十分に相談に答えられないこともあった。一方で、あなたはＣやＤからそれぞれ不満を打ち明けられることが多くなり、相談担当におけるＤと、それ以外の職員の溝はますます深くなっていった。

　あなたは、相談業務担当の業務改善の必要性や職場環境の悪化を痛感していた。

---

(1)　設問の職場におけるＤ主事の育成と円滑な業務運営を行う上での課題について、簡潔に述べてください。　　　　（300字以上500字程度）

(2)（1）で述べた課題に対して、今後あなたはどのように課題解決に向けて取り組んでいくべきか、主任に期待される役割を踏まえて、具体的に述べてください。　　　　（1,200字以上1,500字程度）

資料1

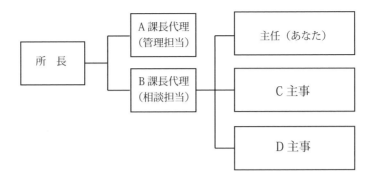

資料2

4月	・新規採用職員として相談担当に配属される（他企業での勤務経験なし） ・主任（あなた）が、D主事のチューターとなる ・B課長代理から、担当する業務の説明と指示を受ける ・主任とD主事対象に相談対応の研修を実施するが、D主事は「研修の内容がよくわからない。もっと丁寧に教えてほしい」と感想を述べる ・C主事がB課長代理に「Dは、自分から覚えようという気がない。教えてくれるのを待っているだけだ」と話す。 ・B課長代理が、D主事に対して度々指導するようになる。 ・D主事は「相談のノウハウについて、職場は全然教えてくれない」とあなたにこぼすようになる ・Dが対応した相談者が相談後に、「相談内容に十分に答えてくれない」と、帰り際にクレームを他の職員にも聞こえるように言った。 ・D主事の相談件数を減らして、他の職員が担当するようになる（D主事は相談以外の内部事務の分量を増やすこととなった）
7月	・D主事とそれ以外との会話が少なくなり、他の職員が残業していても、D主事は定時に退庁するようになる ・B課長代理が「Cは2ヶ月でほぼ一人前になったのに、Dは全く育っていない。それに、相談のレベルやノウハウ継承にも問題がある。改善が必要だ」とあなたに話す。

【練習問題６　解答例】

（１）

　本事例及び資料から読み取れる、Ｄ主事の育成と円滑な業務運営を行う上での課題は、以下のとおりである。

　第一に、Ｄ主事が一人前の戦力となっておらず、組織に貢献できていないことである。資料に「Ｄが対応した相談者が帰り際にクレームを言った」ことや、「Ｄ主事の相談件数を減らして、他の職員が担当」しているとある。また、Ｄ主事の「職場は全然教えてくれない」やＣ主事の「Ｄは、自分から覚えようという気がない」との発言などから、Ｄ主事は組織の一員であるという自覚にも欠けていることがわかる。

　第二に、相談担当のチームワークができていないことである。先のようにＤ主事に問題はあるにしても、組織としてそれをフォローし、円滑に業務を遂行する必要がある。しかし、「Ｄ主事とそれ以外との会話が少なくなり、他の職員が残業していても、Ｄ主事は定時に退庁するようになる」とあり、連携体制が構築できていない。

　第三に、組織として相談業務のノウハウが継承されていないことである。事例に「相談業務は個人の力量に頼ることが多く、確実なノウハウの継承ができていない」とある。また、７月には、

Ｂ課長代理が相談のレベルやノウハウ継承を問題視している。相談業務が属人的な能力だけに依存せず、組織として成果を残せる体制が必要がある。

（２）

(1)を踏まえて、私は主任として以下の３点を行う。

第一に、Ｄ主事の育成である。まず、Ｄ主事の相談にあたっては、可能な範囲で自分も同席し、相談者に対応する。この中で、Ｄ主事の具体的な課題などを把握し、適宜アドバイスを行う。相談後にはＤ主事の意見も確認し、本人の考えも十分聞きながら育成を図る。

また、組織人としてのルールも理解していない面もあるため、上司への「報連相」や他職員へのコミュニケーションなどについても指導する。相談者への対応といった点から、住民対応についても学んでもらう。さらに、Ｄ主事は他者に依存することが多く、自ら業務に取り組もうという意識が欠如している。このため、本人の理解度や意欲に合わせて、質問を投げかけたり、調べ物をさせたりするなどして自立心を育む。

こうした取り組みにより、Ｄ主事を一人前の戦力とすることができる。

第二に、相談担当においてＤ主事とそれ以外の職員とのパイプ

役になることである。まず、Ｂ課長代理に今後のＤ主事への指導について相談を行い、課長代理の考えを確認する。チームワークができていない現状や、今後チューターとしてどのようにＤ主事を育成すべきかなどについて意見交換を行う。問題点や今後の方向性を共有する。

　また、Ｃ主事に対してもＤ主事や現在の職場についての考えを聞くとともに、職場の改善に向けて認識を共有する。さらに、壁が出来てしまった両者の距離が近づくように、お互いの意見をさりげなく相手に伝えるなどして、少しずつコミュニケーションの活性化に向けた活動を行っていく。

　このような取り組みにより、職場環境の改善ができ、組織内のチームワークが醸成される。

　第三に、相談業務のノウハウを、組織として蓄積する取り組みを行うことである。現在の相談業務は、個人の能力に依存している。このため、マニュアルの整備を行い、職員全体で相談業務の統一化・平準化を図る。次に、パソコン内に共有フォルダを作成して、情報の共有化を図る。マニュアルにない例外や新しい相談内容については、各職員が適宜共有フォルダにその内容を掲載する。これにより、新たな情報などを職員全体で共有でき、マニュアルに不足している点をフォローすることができる。

　さらに、職場内研修を実施する。この研修を実施することによ

り、普段疑問に感じている点を共有したり、職員間の能力の差を
うめたりすることができる。特に、D主事に発言を求めるなどし
て、積極的に参加を促し、本人のやる気を刺激する。研修の実施は、
コミュニケーションの活性化にも有効である。

　このような取り組みを行うことにより、組織として相談ノウハ
ウの蓄積や、個人のスキルアップが可能となる。

　以上の取り組み3点を実施する。実施にあたっては、課長代理
に適宜報告するとともにアドバイスをもらう。また、D主事の意
見も十分に踏まえ、本人に問題を気づかせるように配慮する。こ
れによって、D主事の育成を図ることができ、円滑な業務運営が
可能となる。

［職場に関する出題］ＡⅠ類、ＡⅡ類共通

【練習問題7】

　下記の事例と資料を分析し、次の (1)、(2) に分けて述べてください。

　あなたは、スポーツ施設である事業所の主任として本年4月に配属された。事業所には所長のもとに、管理担当のＡ課長代理と、業務担当のＢ課長代理がおり、あなたは管理担当の業務に従事している。事業所は、例年10月にイベントを地元の複数の町会と共催で開催している。イベントの内容の立案は業務担当が行い、町会との調整は管理担当が行っている。あなたは町会との調整の担当者となった。

　イベントの準備は本年1月から進めているものの、事業所内の情報共有がなされず準備が遅れている。6月になり、所長からの指示もあり、慌ててＤ主事が案を作成した。内容は十分に精査されなかったが、事業所の案として決定した。以前にイベント案を担当していたＣ主事は、その内容に不満な様子だった。町会の町会長5名に対しても、その内容が郵便で送付された。

　しかし2日後、5名の町会長たちが突然、事業所を訪れた。事業所入口でいきなり「我々に相談も説明もなく、一方的にイベント内容を送りつけるとは何事だ。しかも、電話で聞いたら、事業所として意見はまとまっていないというではないか」と大声で怒鳴った。

　あなたは、町会対応のまずさと所内連携の必要性を痛感した。

---

(1)　設問の職場において、住民対応と円滑な組織運営の課題について、簡潔に述べてください。　　　　　　　　（300字以上500字程度）

(2)（1）で述べた課題に対して、今後あなたはどのように課題解決に向けて取り組んでいくべきか、主任に期待される役割を踏まえて、具体的に述べてください。　　　　　　　　（1,200字以上1,500字程度）

資料1

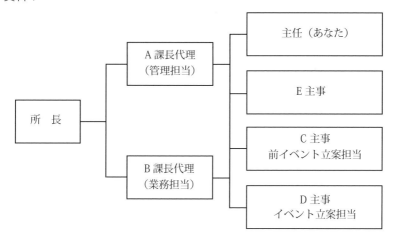

資料2　4月からのイベントに関する事実経過

4月　　・あなたが事業所に赴任し、管理担当となる
　　　　・イベント内容について、D主事に尋ねると、「他の業務が忙しくて、とても検討する時間がない」との返事

5月中旬　・所長から「『イベントの内容は、まだ決まらないのか』とX町会長から昨日言われたが、どうなっているんだ。早期に内容を固めてくれ」と二人の課長代理に話があった

5月下旬　・イベントについて管理担当と業務担当で打合せを行うが、D主事作成の案は内容が精査されておらず不十分なものだった。結局、B課長代理から「一応、これで了解してほしい」と一方的に会議を終了させてしまう

6月初旬　・会議終了後、C主事が「この内容では、問題がある」と話す
　　　　・イベントの内容を各町会長へ送付する
　　　　・X町会会長から電話がありC主事が受けるが「この内容は、私としては納得してないんです」と答えてしまう
　　　　・町会長らが事務所を訪れ、文句を言う

【練習問題7　解答例】

（1）

　本事例及び資料から読み取れる、住民対応と円滑な組織運営の課題は次のとおりである。

　第一に、職員が個人の考えで業務を進めており、組織として行動できていないことである。本事例では、イベントの内容を十分に検討しておらず、不完全のまま決定してしまっている。また、不完全の内容であっても組織として決定したにも関らず、Ｃ主事は町会からの問い合わせに対し、自分は納得していないと答えるなど、組織人としての対応ができていない。

　第二に、住民との連携ができておらず、信頼関係が構築されていないことである。イベントは町会との共催となっており、事業所のみでイベントの内容を決定するものではない。しかし、事例では事業所単独でイベントの内容を決定し、関係町会に相談もなく一方的に通知している。これでは町会と信頼関係を構築することはできない。

　第三に、組織の連携体制が構築されていないことである。事例では、事業所内の情報共有がなされず準備が遅れている。また、イベント実施に向けて両担当の協力体制も見られない。さらに、会議を一方的に打ち切るなど、管理担当と業務担当が十分に連携

しているとは言い難い。円滑な業務運営のためには、組織の連携
が必要である。

（2）

　(1) を踏まえて、私は主任として以下の３点を行う。

　第一に、町会長たちに相談なく決定したことを謝罪し、再度イ
ベント内容を検討することを伝える。まず、私は町会との調整担
当となっていることから、早急に今回の不手際について謝罪する。
イベント内容について再度検討することを伝えるとともに、町会
からも要望等があるかも確認する。次に、所内で再度イベント内
容を決定する会議の開催を提案する。Ｄ主事の案をもとに、Ｃ主
事などの意見も踏まえながら内容を決定し、両課長代理、所長の
了解を得る。その後、町会との意見交換を実施しながら、内容を
確定させていく。内容が確定した段階で、所内の役割分担やスケ
ジュールの確定を行い、所内職員全体に対してイベントの参加意
識を持たせる。

　これにより、町会との信頼関係を構築できるとともに、イベン
トの内容を確定することができる。

　第二に、イベントまでの進捗管理を行うことである。イベント
を確実に実施するためには、イベント当日までに進捗管理を実施
することが重要である。このため、事業所内の役割分担・スケジュー

ルに基づき、定期的に会議を実施し、進捗状況を確認する。何か問題が発生した時には、職員全体で問題を共有するとともに、問題解決のための方法について確認する。また、町会とも定期的な会議を実施する。お互いの進捗管理について報告しあうとともに、問題が発生した場合にはその対応について確認する。

　こうした取り組みにより、確実にイベントを実施することができる。また、何か不測の事態が発生した場合であっても対応が可能となる。

　第三に、組織の連携体制を構築するとともに、職員一人一人に組織人として自覚を促すことである。現在の職場では、管理担当と業務担当の連携体制が構築できておらず、職員がバラバラで業務を行っている。このため、Ａ課長代理に管理担当と業務担当の週１回の定期的な会議の実施を提案する。この中で、互いのスケジュール確認や現状について報告しあう。業務の繁閑などを踏まえた協力体制の構築なども検討する。町会からの要望や意見などについても報告を行い、事業所全体で認識を共有する。また、所長の指示や意向なども確認し、事業所全体の方向性についても確認する。決定事項については、職員に十分周知し、職員個人が独断で行動をしないように注意を促す。

　さらに、事業所内にパソコンの共有フォルダを作成し、情報の共有化を図る。業務の「見える化」を行うことにより、全職員が

問題を共有することができ、業務の効率化を図ることができる。

　こうした取り組みにより、組織の連携体制の構築、職員への意識向上、業務の効率化が期待できる。

　以上の取り組み３点を実施する。実施にあたっては、課長代理・所長とも連携する。また、挨拶や日頃の声かけなど、コミュニケーションの活性化にも配慮するとともに、他の職員の意見をよく聞くよう注意する。これによって、組織一体となった対応ができ、円滑な業務運営が可能となる。

［職場に関する出題］ＡⅠ類、ＡⅡ類共通

【練習問題８】

　下記の事例と資料を分析し、次の (1)、(2) に分けて述べてください。

　あなたは、住民や事業者からの相談を受けて、申請を受け付ける事業所に４月に主任として配属された。事業所は、所長のもとに管理担当のＡ課長代理と相談担当のＢ課長代理がおり、あなたは管理担当として申請受付、広報、業務改善の担当であり、また新人のＣ主事のチューターにもなった。Ｃ主事は、職務に積極的だった。

　申請者は相談後、申請書を管理担当に提出することになっている。この４月から制度が変更されたこともあり、相談件数が増加しており、職員の残業も多くなっている。また、最近になり事業所宛に苦情の電話やメールが増えてきている。この制度は、これまで長い間変更されてこなかった。このため、管理担当と相談担当はあまり情報交換なども行われておらず、どちらかというと、それぞれが独立して業務を行っているという様子だった。また、業務改善にも消極的であり、相談担当のＤ主事やＥ主事は特に事務の変更などには拒否反応を示した。

　ある日、所長がＡ課長代理とあなたを呼び、「相談者からの苦情が増えているのは問題だ。早急に業務改善について検討してほしい」と話した。

---

(1)　設問の職場において、円滑な業務執行の課題について、簡潔に述べてください。　　　　　　　　　　（300字以上500字程度）

(2)（1）で述べた課題に対して、今後あなたはどのように課題解決に向けて取り組んでいくべきか、主任に期待される役割を踏まえて、具体的に述べてください。　　　　　　　　（1,200字以上1,500字程度）

資料1

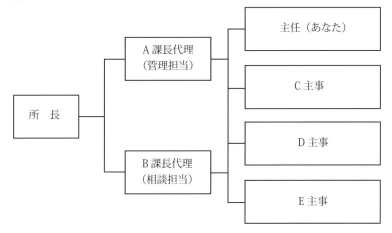

資料2　4月以降の事業所の状況
- あなたが4月に事業所に配属となり、管理担当となる
- 4月から制度変更となり、相談件数が増加
- 新人職員であるC主事（他企業での勤務経験有）から、「申請受付簿はなぜパソコン入力でなく、手書きなんてすか。それに、他にもまだ無駄な事務もあるように思えるんですが」と相談を受ける
- ある相談者から、「相談の際には大丈夫と言われたのに、申請時はダメと言われた」とクレームが出される
- C主事が相談担当のD主事に「この制度変更の部分について、相談担当はどのように説明しているんですか？」と聞いたところ、「それは相談担当の問題で、管理担当には関係ない」と言われる
- 苦情の件数が増加する

資料3　4月以降の主な苦情
- 制度変更の内容がわかりにくい
- 相談担当職員の説明が不十分である
- 相談担当と管理担当の説明が異なる
- 新制度に変更になったにも関らず、申請書類がそのままで書きにくい
- わざわざ相談に来ないと、制度変更の内容がわからない

【練習問題8　解答例】

（1）

　本事例及び資料から読み取れる、円滑な業務運営の課題は次のとおりである。

　第一に、事業所内の連携体制が構築できていないことである。資料からは、相談者の「相談の際には大丈夫と言われたのに、申請時はダメと言われた」など両担当の連携が出来ていないことが読み取れる。また、「相談担当と管理担当の説明が異なる」などの苦情もある。職員の相談の対応にバラツキがあり、新制度の認識が共有できていない。

　第二に、広報の体制が不十分な点である。相談者からは、「制度変更の内容がわかりにくい」、「わざわざ相談に来ないと、制度変更の内容がわからない」などの意見があり、制度変更について十分に広報が行われているとは言い難い。事前に十分な広報ができれば、相談時間の短縮も可能となる。

　第三に、効率的な事務執行について検討されていないことである。相談者からは、新制度に変更したにも関わらず、申請書が変更していないことの苦情がある。また、Ｃ主事から事務の執行体制について問題提起がされている。このことから、効率的な事務執行について十分検討されているとは言い難い。

（２）

(1) を踏まえ、私は主任として以下の３点を実施する。

第一に、管理担当と相談担当の合同会議の開催をＡ課長代理に提案する。まず、相談者の視点に立ち、相談や申請の手続きについて管理担当と相談担当の両者で検討する。現在、相談者から苦情が多いことなど、問題点を全職員で共有する必要がある。そこで、マニュアルやパソコンの共有フォルダの作成など、相談者の対応について統一化を図るための方策について検討する。また、相談者の視点に立ち、相談から申請までの手続きが円滑に行えるよう、事務の工程や改善策について検討する。さらに、両担当が意見や情報の交換を行う会議を定期的に開催し、連携体制を強化する。

これにより、相談者へ統一した対応が図られ、相談者がスムーズに相談から申請までを行うことができる。また、適宜情報交換することにより、問題を共有することができる。

第二に、広報のあり方を抜本的に見直すことである。まず、相談者の苦情などを参考に、現在実施している広報の問題点をまとめる。具体的には、広報誌などの印刷物については、わかりやすい説明にするとともに、イラストの活用など親しみやすい内容とする。また、相談者がそれらの内容を入手しやすいように、ホームページなどからもダウンロードできるようにする。ホームペー

ジは、一目で変更点がわかるようにしたり、質問が多い項目をＱ
＆Ａにまとめたりするなどして、見やすくわかりやすい内容にす
る。さらに、動画を作成し、相談者の利便性を高める。

　これにより、相談者は相談に来所する前に制度の変更点につい
て十分知ることができ、相談の効率化や相談時間の減少につなげ
ることができる。

　第三に、事務改善について検討することである。まず、先の管
理担当と相談担当の定期的な会議の中で、事務改善について検討
を行う。それぞれの担当の作業工程や申請書などの書類関係など
について効率化できる点がないか検証を行う。検証にあたっては、
事務改善に積極的なＣ主事に意見を出してもらい素案としてまと
めるとともに、それぞれの業務の棚卸しを行いゼロベースで改善
点を見つける。

　また、情報の共有化を推進する。先のマニュアルの作成や共有
フォルダの活用とともに、共通掲示板をパソコン内に作成し、職
員からも情報発信が気軽にできるようなシステムを構築する。職
員一人一人の意見が反映されれば、事務改善の提案が増加するこ
とも期待できる。さらに、業務の一部の民間委託や会計年度任用
職員の活用など、予算が必要な手法についても費用対効果を検証
する。必要に応じて課長代理や所長などの意見も踏まえながら、
実施について検討する。

　これにより、事務改善を行うことができ、効率的な事務執行が可能となる。

　以上の取り組み３点を実施する。実施にあたっては、職員とのコミュニケーションの活性化にも気を配り、挨拶に日常の声がけなども行う。また、課長代理や所長とも連携を進める。これによって、円滑な業務運営が可能となり、職員一人一人に改善の意識が身に付くとともに、相談者の視点にたったサービスの提供が可能となる。

第4章
合格レベル論文
〈添削指導〉例

［ＡⅠ類のみ］

【練習問題９】

　都民生活を守るために、安全・安心な都市づくりは重要な課題となっています。東京を災害に強いまちにするために、どのような取り組みを行うべきか、次の (1)、(2) に分けて述べてください。

(1)　東京を災害のないまちにするための課題は何か、資料を分析して課題を抽出し、簡潔に述べてください。
（300 字以上 500 字程度）

(2)　(1) で述べた課題に対して、都は具体的にどのような取組を行なっていくべきか、その理由とともに述べてください。
（1,200 字以上 1,500 字程度）

資料1

首都直下地震

図表　東京湾北部地震（M7.3）の主な被害

条件	時期及び時刻	冬の朝5時		冬の昼12時		冬の夕方18時	
	風速	4m/秒	8m/秒	4m/秒	8m/秒	4m/秒	8m/秒
人的被害	死者	7,613 人	7,649 人	6,228 人	6,296 人	9,413 人	9,641 人
	ゆれによる建物全壊	6,927 人	6,927 人	4,972 人	4,972 人	5,378 人	5,378 人
	急傾斜地崩壊による建物全壊	76 人	76 人	79 人	79 人	76 人	76 人
	地震火災	504 人	540 人	1,071 人	1,138 人	3,853 人	4,081 人
	ブロック塀	103 人	103 人	103 人	103 人	103 人	103 人
	落下物	4 人	4 人	4 人	4 人	4 人	4 人
	負傷者	138,657 人	138,804 人	134,562 人	134,854 人	146,596 人	147,611 人
	（重傷者）	18,032 人	18,073 人	18,186 人	18,267 人	21,609 人	21,893 人
	ゆれによる建物全壊	133,140 人	133,140 人	126,530 人	126,530 人	125,964 人	125,964 人
	急傾斜地崩壊による建物全壊	95 人	95 人	99 人	99 人	94 人	94 人
	地震火災	1,578 人	1,725 人	4,089 人	4,381 人	16,694 人	17,709 人
	ブロック塀	3,543 人	3,543 人	3,543 人	3,543 人	3,543 人	3,543 人
	落下物	301 人	301 人	301 人	301 人	301 人	301 人
物的被害	建物被害※2	134,974 棟	136,297 棟	163,604 棟	166,906 棟	293,153 棟	304,300 棟
	ゆれ液状化などによる建物全壊	116,224 棟	116,224 棟	116,224 棟	116,224 棟	116,224 棟	116,224 棟
	地震火災	19,842 棟	21,240 棟	50,904 棟	54,417 棟	189,406 棟	201,249 棟
	道路	6.8 %	6.8 %	6.8 %	6.8 %	6.8 %	6.8 %
	鉄道※3	2.0 %	2.0 %	2.0 %	2.0 %	2.0 %	2.0 %
	電力施設	11.9 %	11.9 %	12.8 %	12.9 %	17.2 %	17.6 %
	通信施設	1.2 %	1.3 %	2.4 %	2.6 %	7.2 %	7.6 %
	ガス施設	26.8～74.2 %	26.8～74.2 %	26.8～74.2 %	26.8～74.2 %	26.8～74.2 %	26.8～74.2 %
	上水道施設	34.5 %	34.5 %	34.5 %	34.5 %	34.5 %	34.5 %
	下水道施設	23.0 %	23.0 %	23.0 %	23.0 %	23.0 %	23.0 %
その他	帰宅困難者	5,166,126 人					
	避難者	2,651,297 人	2,656,898 人	2,774,238 人	2,788,191 人	3,337,937 人	3,385,489 人
	閉じ込めにつながり得るエレベーター停止台数	7,005 台	7,008 台	7,089 台	7,096 台	7,447 台	7,473 台
	災害要援護者死者数	3,638 人	3,654 人	2,894 人	2,934 人	4,786 人	4,921 人
	自力脱出困難者	60,844 人	60,844 人	56,531 人	56,531 人	56,666 人	56,666 人
	震災廃棄物	3,878 万t	3,882 万t	3,949 万t	3,957 万t	4,263 万t	4,289 万t

※1　小数点以下の四捨五入により合計は合わないことがある
※2　ゆれ液状化等による建物全壊と地震火災の重複を除去しているため、原因別の被害の合算値とは一致しない
※3　新幹線の被害を除く

資料２

□木造住宅密集地域の現状
・戦後の復興期や高度経済成長期に形成された山手線外周部付近の木密域
　では、接道条件が悪いことや狭小敷地などにより、老朽木造建築物の更
　新が進んでいない。
・また、昭和50年代に建築された老朽木造建築物の密集地や、将来建築
　物の老朽化により木密地域になるおそれのある地域、又は、農地や企業
　のグラウンドなど土地利用の転換時にミニ開発が進むおそれのある地域
　が存在する。

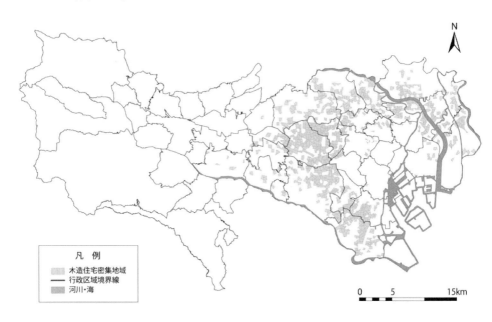

図　木造住宅密集地域

資料3

3月11日東北地方太平洋沖地震による首都圏の帰宅困難者の発生

発災当日の新宿駅前の状況（新宿区撮影）

交通機関の運行状況

発災直後、首都圏鉄道は全線で運行休止となり、大規模な渋滞による交通混雑も見られた。
首都圏鉄道は3月11日21時頃から順次復旧し、3月12日昼頃にはおおむね復旧した。

出典：国土交通省「大規模地震発生時における首都圏鉄道の運転再開のあり方に関する協議会の結果について」（平成23年4月20日）に内閣府加筆

首都圏の主要駅における滞留状況（3月11日21：00時点）

【東京都】新宿駅：約9,000人
　　　　　池袋駅：約3,000人
【神奈川県】横浜駅：約5,000人
【千葉県】千葉駅：約1,000人
【埼玉県】大宮駅：約2,000人　等

出典：警察庁広報資料（3月11日21：00現在）

東日本大震災後の首都圏鉄道（東京駅30km圏）運転再開率

出典：国土交通省提供資料

対応状況

首都圏では、国、都県、区市等において行政庁舎や公共施設等を帰宅困難者のための一時滞在施設（一時受入施設）として開放したほか、多くの民間施設等において、帰宅困難者の受け入れが行われた。

例）東京都庁、さいたまスーパーアリーナ、横浜アリーナ等

【参考：発災当日の帰宅しなかった人数】
推計人数：約200万～300万人　（廣井悠助教（東京大学大学院工学系研究科消防防災科学技術寄付講座）による推計）

資料4

[ＡⅠ類のみ]

練習問題 **9**　合格者が書いた論文　**82**点

課題抽出

(1)　東京を災害のないまちにするための課題は何か、資料を分析して課題を抽出し、簡潔に述べてください。

（1）

　　東京を災害に強いまちにするための課題として、以下の3点が挙げられる。

　　第一に、首都直下地震の際の<u>帰宅困難者対策</u>である。資料1によると、約5百万人の帰宅困難者が<u>予想されている。資料3によると、東北地方太平洋沖地震の際は2百万人から3百万人と推計さているので、その約2倍ということになる。</u>東北地方太平洋沖地震の際に交通混雑や主要駅での滞留等の問題が発生したことを踏まえると、首都直下地震の際はより大規模な混乱が引き起こされる可能性がある。

　　第二に、木造住宅密集地域の<u>対策</u>である。資料2によると、木密地域は都内各地に残されており、大地震発生時に大規模火災を引き起こす危険性を抱えている。住民同意の下で、木造住宅の取り壊しと区画整理を行っていか

添削者による修正・コメント

帰宅困難者の発生。対策では、解決策の表現になってしまう。

予想され、東北地方太平洋沖地震の約2倍の規模になっている。

存在

なければならないが、取り組みは進んでいない。

　第三に、<u>江東５区の大規模水害対策である</u>。資料４によると、江東５区では大規模水害発生時に全域浸水が予想されるため、域外避難が呼びかけられている。しかし、<u>ハザードマップ策定が平成30年８月であることからもわかるように、この計画は始まってから</u>２年程度しか経っておらず、準備はまだ完全ではない。このまま大規模水害が発生すると、甚大な被害がもたらされるおそれがある。

江東５区では大規模水害が予想されることである。

ハザードマップ策定は平成30年８月であり、計画が始まってから

論 文

(2)　(1)で述べた課題に対して、都は具体的にどのような取組を行なっていくべきか、その理由とともに述べてください。

（1,200字以上1,500字程度）

（2）

　東京の防災上の課題を解決するため、都は以下3点の取り組みを進めていくべきである。

1　首都直下地震の際の帰宅困難者対策

　まず、発災直後は路上に人が溢れて混乱することを防ぐため、一斉帰宅を抑制する必要がある。そのため、事業所、学校に対して、発災時に従業員・生徒を帰宅させずに施設内に待機させるよう要請していく。その際、滞在が数日間に渡っても対応できるよう、食糧等の備蓄も要請する。

　次に、仕事・学校以外の理由で都内を訪れていた人や移動中だった人のために一時滞在施設が必要となるが、現在の登録状況は必要数に達していない。そのため、候補となる民間施設への経費補助、都税減免、講習会開催などを通じて、一時滞在施設への登録を後押ししていく。

　さらに、発災直後の混乱が収束した後は、帰宅困難者の徒歩帰宅を支援する必要があ

〔欄外注〕
必要となる。

後押しし、必要数を確保していく。

る。そのため、幹線道路沿いの商店などに対して徒歩帰宅者へのトイレ貸し出し、休憩場所提供、飲食物提供などを行うよう、協定などを通じてはたらきかけていく。

〈削除〉

協定などを結び、働きかけていく。

2　木密地域対策

〈削除〉

まず、木密地域では居住者の高齢化が進んでおり、住替えへの意欲が低下している場合が多い。高齢者に木密対策の意義を理解してもらうには、丁寧な説明が欠かせないであろう。そのため、地区ごとに住民説明会や戸別訪問を重ね、防災のための不燃化の意義を説き、信頼関係を醸成していくとともに、地区全体で防災まちづくりの気運を高めていく。

「欠かせない」と言い切る。

〈削除〉

次に、住民にとっては、地区再開発後の住居確保が大きな不安要素となっている。そのため、住替え先として都営住宅等の公共住宅への優遇措置を設ける。また、住替え先として集合住宅を建設する場合は、都有地を積極的に活用していく。

大きな不安要素となっていることから、都営住宅等の公共住宅入居に係る優遇措置を設ける。

木密地域対策の主体となる区市町村間で

さらに、木密地域対策は区市町村が主体となって取り組むものであるが、区市町村間で情報共有・情報交換を行うことは、有効な対策を進めていく上で重要であろう。そのため、都が幹事となって区市町村間の協議体を設立し、課題や成功事例の報告などを通じ、各区市町村の取り組みをブラッシュアップしてい

意見交換を行うため、都が幹事となって協議体を設立する。協議体では、課題や成功事例の報告などを通じ、

く場とする。

3　江東5区の大規模水害対策 ＜削除＞

　まず、域外の避難先を自力で確保できない
住民のために、公的な避難場所を準備しなけ ＜削除＞
ればならない。そのため、浸水区域周辺の宿
泊施設との間で、発災時に宿泊先を提供する 介護必要者
旨の事前協定を締結する。また、介護施設入
所者や入院患者の受け入れ先として、周辺の
介護施設や病院との間でも同様の協定を締結
する。

　次に、移動すること自体が命に関わるよう
な重篤患者などは、入院先などに留まらざる 構築
を得ない。そのような施設に対しては、自家
発電の整備、必需品の備蓄、スタッフの泊ま 補助等の
り込み体制の整備などに関して専門的助言や
金銭支援などを行っていく。 ＜削除＞

　さらに、区域内の企業は、浸水しない高層 ＜削除＞
階にサーバーや重要書類を保管する。それが
難しい場合は区域外の事業所に代替施設を確 確保するなど事業継続
保する、といった事業継続のための防災対策 のための取り組みを推
が求められる。そのため、こうした取り組み 進する区域内の企業を
を推進するための周知・啓発活動として、相 対象に、
談窓口の設置やアドバイザーの派遣などを行
っていく。

論 文 添 削 票

採 点 の ポ イ ン ト						
問題意識	問題（理想と現実のギャップ）を理解しているか	⑩	8	6	4	2
	問題の背景をとらえているか	10	⑧	6	4	2
	問題の原因を的確にとらえているか	10	⑧	6	4	2
	問題点と解決策の整合性はあるか	10	⑧	6	4	2
論理性	問題解決の実証性はあるか	10	⑧	6	4	2
	解決策は現実的、具体的か	10	⑧	6	4	2
表現力	文章は分かりやすいか	10	8	⑥	4	2
	誤字や脱字等のミスはないか	10	8	⑥	4	2
積極性	主任（係長）職の立場から論じられているか	⑩	8	6	4	2
	自ら解決する意気込みが感じられるか	⑩	8	6	4	2

得　点	**82**点	極めて優秀 90点以上	ほぼ合格圏 70〜89点	もう一工夫が必要 50〜69点	相当の努力が必要 50点未満

講評

良く書けています。ただ、文章がつながらないところがいくつか見受けられるので、精査してください。

［AⅠ類、AⅡ類共通］

【練習問題 10】

・下記の事例と資料を分析し、次の (1)、(2) に分けて述べてください。

　A局のB部に属する、C事業所は、C区の中央部に位置し、C商工センターの維持管理業務を行っている。C事業所は、所長以下 10 人で組織されており、計画担当が所の庶務と予算、企画を、事業担当がC商工センターの施設管理、苦情処理、対外折衝を行っている。あなたは、C事業所に、計画担当の主任として本年4月に配属された。C商工センターは、来年度から大規模な改修工事が行われる予定で、その準備作業に掛りきりになり、その他の業務は時間外でこなすことになり超過勤務が経常化している。

　あなたは、庶務担当のD課長代理から本年度の「C商工祭」の担当に指名され、商工祭の事業計画を立案するL主事と準備を進める予定でいた。

　7月に商工団体、区役所や町会、関係団体などとの調整を行うこととなり、事業計画の内容について、事業担当のL主事に尋ねたところ、「C商工祭」の準備は、本年1月から進めているものの改修工事の準備作業に手いっぱいで、事業所内の役割分担もあいまいで、イベント内容の検討は遅々として進まず、このままでは、開催に間に合わない可能性が出てきた。先日、C区商店会連合会事務局長から「C区の各商店会との調整があるので至急事業内容を教えてほしい。」旨の連絡があった。

　所長から「オリンピック・パラリンピックが開催され、C区商工団体の気運も盛り上がっている。C区長からもスポーツとの連

携を図った盛大な商工祭にしたいとの話があった。関係団体と緊密な連携を図り商工祭を盛大に行うように。」とＤ課長代理とあなたに指示があった。

(1) 設問の職場において、業務を円滑に進めていくうえでの課題について、簡潔に述べてください。

(300 文字以上 500 字程度)

(2) (1) を踏まえ、上記事例の職場において、あなたは、どのように準備を進め、イベントを予定どおり開催させるか、主任に期待される役割を踏まえ、具体的に述べてください。

(1,200 字以上 1,500 字程度)

資料1

A局の組織図

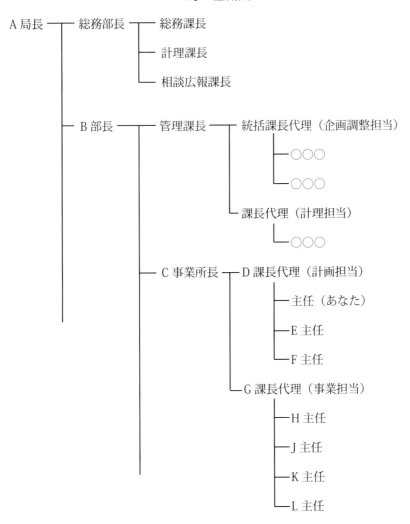

資料2

◎主任　　○副担

業務項目	課長代理	あなた （主任）	E主任	F主任
担当事務総括	◎			
本庁との連絡調整	◎	○		
関係団体との連絡調整	◎	○		
予算執行管理	◎	○		
庶務事務	○	◎		
契約事務	○	◎		
センター管理委託事務			◎	○
住民対応			◎	○
検収業務			◎	○
物品管理			○	◎
IT リーダー				◎
C商工祭連絡調整		◎		○
改修工事連絡調整			◎	○

＊事業担当では、商工センターでのイベント開催、改修工事準備事務を所管

資料3

C商工祭　準備スケジュール

6月18日　商店会連合会事務局長から問い合わせ

7月　7日　商工団体役員、区役所説明会

7月14日　町会、関係団体説明会

9月19日　「C商工祭」
　　〜21日

カレンダー（□　週休日・休日）

6月

日	月	火	水	木	金	土
	1	2	3	4	5	6
7	8	9	10	11	12	13
14	15	16	17	18	19	20
21	22	23	24	25	26	27
28	29	30				

7月

日	月	火	水	木	金	土
			1	2	3	4
5	6	7	8	9	10	11
12	13	14	15	16	17	18
19	20	21	22	23	24	25
26	27	28	29	30	31	

8月

日	月	火	水	木	金	土
						1
2	3	4	5	6	7	8
9	10	11	12	13	14	15
16	17	18	19	20	21	22
23	24	25	26	27	28	29
30	31					

9月

日	月	火	水	木	金	土
		1	2	3	4	5
6	7	8	9	10	11	12
13	14	15	16	17	18	19
20	21	22	23	24	25	26
27	28	29	30			

資料４

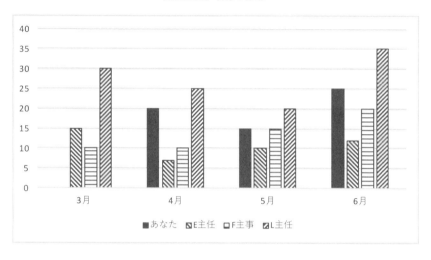

超過勤務時間の推移

［AⅠ類、AⅡ類共通］

練習問題 **10** 合格者が書いた論文① | **90**点

課題抽出

(1) 設問の職場において、業務を円滑に進めていくうえでの課題について、簡潔に述べてください。

(300 文字以上 500 字程度)

（1）

　設問の職場において、業務を円滑に進めていく上の課題として、以下の３点が挙げられる。

　第一に、イベント内容の検討が進んでいない点である。事例より、本年１月からC商工祭の準備を進めているにも関わらず、未だに検討が進んでいないことが分かる。このままでは商店会連合会からの問い合わせに回答できないだけでなく、イベントの開催自体ができなくなってしまう。

　第二に、イベント準備の進捗管理が行われていない点である。事例より、イベント準備に必要な業務の役割分担があいまいで、開催に間に合わない可能性が出てきていることから、進捗について管理されていないことが分かる。このままではイベント関係者をはじめ、

**添削者による
修正・コメント**

未だに検討が進んでいない。

進捗について管理されていない。

多くの都民に迷惑をかけてしまうことになる。

　第三に、事業所内の連携が不十分な点である。資料２より、商工センターのイベント開催について事業担当が所管しているものの、事業担当内でＬ主事をサポートすることが無かったために、イベント内容の検討が進んでいなかったと考えられる。このままではＬ主事の負担が大きく、準備が滞ったままとなる可能性が高い。

イベント内容の検討が進んでいなかった。

準備が滞ってしまう。

論　文

(2)(1) を踏まえ、上記事例の職場において、あなたは、どのように準備を進め、イベントを予定どおり開催させるか、主任に期待される役割を踏まえ、具体的に述べてください。

(1,200 字以上 1,500 字程度)

**添削者による
修正・コメント**

（2）

　設問の職場において、イベントを予定どおり開催させるため、私は以下のように対応策を講じていく。

1　イベント内容の決定

　まずは商工祭の事業計画を立案する担当のL主事と私とで、イベント内容の素案を作成することが必要である。作成するにあたり、最初に私はC区商店会連合会事務局長に連絡をとり、事業内容の共有の期限日を確認し、その期限内に作成できるようL主事とスケジュール調整を行う。素案を作成する際、過去の商工祭の記録やこれまでに聴取した商店会連合会からの要望等があればそれを参考にしながら、イベント内容を構築していくことを心がけていく。

イベント内容を構築していく。

　作成した素案について、D課長代理、G課長代理及びC事業所長に確認していただくことで、素案を完成させる。この素案を事務局長を通じて各商店会との調整を行うことで、

確認してもらい、

この素案を活用して事務局長を通じて各商店会との調整を行うことで、

イベント内容を決定させていく。

2　イベント準備の進捗管理の徹底

　イベント内容の決定後、開催に向けて必要なタスクをすべて洗い出し、タスク一覧表を作成する。それぞれのタスクごとに、担当者、着手期限及び完了期限を設け、それぞれのタスクの進捗状況を可視化できるようにする。これにより、役割分担が明確になるとともに、イベント準備がどの程度進んでいるかが確認できるようになる。

　また、イベントに関する報告会を定期的に開催し、タスク一覧表をもとに、イベント準備の進捗状況をＤ課長代理及びＧ課長代理に報告し、現状を把握していただく。これにより、万一準備に遅れが生じた場合はリカバリー策について検討し、課長代理に相談することが可能となるほか、事業所全体でイベントに関する状況を把握することができる。

現状を把握してもらう

　併せて、Ｃ区商店会連合会との定例報告についても開催することで、先方に開催までのスケジュールと進捗をお示ししていく。万一準備に遅れが生じた際は、リカバリー策を提示することで先方を安心させることができる。このような進捗管理を行うことで、イベント開催に向けた準備を滞りなく進められる。

示していく

3　事業所内の連携体制の構築

今後イベント準備を進めていくにあたり、開催までの期間の短さを考慮すると、事業所内で連携しながら準備を進めていかなければ間に合わなくなる可能性も出てくる。そのため、まず私はG課長代理に対して、事業担当内でイベントに関するミーティングの実施を提案する。必要に応じて私がミーティングに参加し、現状の報告や連携の必要性を発信し、L主事をサポートする体制構築を働きかけていく。また、計画担当内においてもイベントに関するミーティングを行いたいと考える。資料4より、比較的超過勤務時間の少ないことがわかるE主任に対し、イベント準備への協力を依頼することで、担当内の連携体制を構築していく。これらにより、イベント準備をC事業所全体で進めていく体制を整えていくことで、イベント開催まで残りわずかな期限内で滞りなく準備を進められると考える。

以上、これまで述べた3つの対応策を講じていくことで、イベントを予定どおり開催できるように進めていきたい。

間に合わなくなる。

ミーティングを行う。

進められる。

進めていく。

論 文 添 削 票

採 点 の ポ イ ン ト						
問題意識	問題（理想と現実のギャップ）を理解しているか	⑩	8	6	4	2
	問題の背景をとらえているか	10	⑧	6	4	2
	問題の原因を的確にとらえているか	10	⑧	6	4	2
	問題点と解決策の整合性はあるか	⑩	8	6	4	2
論理性	問題解決の実証性はあるか	⑩	8	6	4	2
	解決策は現実的、具体的か	⑩	8	6	4	2
表現力	文章は分かりやすいか	10	⑧	6	4	2
	誤字や脱字等のミスはないか	10	⑧	6	4	2
積極性	主任（係長）職の立場から論じられているか	⑩	8	6	4	2
	自ら解決する意気込みが感じられるか	10	⑧	6	4	2

得 点	**90**点	極めて優秀 90点以上	ほぼ合格圏 70〜89点	もう一工夫 が必要 50〜69点	相当の努力 が必要 50点未満

講評

　良く書けています。ただ、論文の表現として、①敬語は使わない、②「思う」「考える」などは使わず、「〜だ」「〜である」の断定表現を使いますので注意してください。

［AⅠ類、AⅡ類共通］

練習問題 **10**　合格者が書いた論文② | **82**点

課題抽出

(1) 設問の職場において、業務を円滑に進めていくうえでの課題について、簡潔に述べてください。

(300文字以上500字程度)

（1）

　設問の職場において、業務を円滑に進めていく上での課題は以下の3つである。

　第一に、イベント内容が決定していないことである。資料3より、関係団体への説明会が迫っているが、商工祭のイベント内容や準備が進んでいない。また、事務局長からイベント内容について問い合わせがあり、各商店会との調整もあるため、至急事業内容を教えてほしいとの連絡もあった。このままではC商工祭開催に間に合わず、関係団体からの協力や信用が得られない。

　第二に、<u>進捗状況を把握できていないこと</u>である。C商工祭の準備は本年1月から進めているにも関わらず、改修工事の準備作業に手いっぱいで、6月になってもイベント内容が決定していない。事業所内の役割分担もあいまいであり、C商工祭の準備が進んでいな

**添削者による
修正・コメント**

進捗管理を行なっていないこと

いことに誰も気付いていなかった。このこと
から、事業所内で業務の進捗管理に問題があ
る。

　第三に、事業所内の連携体制が構築できて
いないことである。所内では改修工事の準備
に追われ、通常業務を勤務時間外で行ってい
る。さらに資料４より、職員の超過勤務は４
月以降増加傾向にある。また、所内の連携体
制が充分でなく、Ｌ主事がイベントに関する
業務を行うことができていない。このままで
は、イベント準備までのスケジュールが決ま
っても業務が停滞してしまう。

商工祭に向けて、計画
担当と事業担当の連携
体制がなく、

(2)(1) を踏まえ、上記事例の職場において、あなたは、どのように準備を進め、イベントを予定どおり開催させるか、主任に期待される役割を踏まえ、具体的に述べてください。

(1,200 字以上 1,500 字程度)

（2）

　設問の職場において、イベントを予定通り開催するために、主任として以下の３つに取組む。

1　イベント内容の明確化

　イベント内容を早急に決定するために、F主事、L主事と打ち合わせを行う。打ち合わせを行う前に、所長やC区長の意向であるスポーツとの連携を図ったイベント内容にするため、過去に同じようなイベントを行った事例があるか情報収集を行う。また、商工祭を開催するまでに段取りを確認するため、過去の事業所内のイベントを確認する。打ち合わせでは、F主事、L主事に早急にイベント準備の必要性を説明し、内容を決定する。イベント内容が決定したら、開催までに行うべき事項を洗い出し、イベント開催までのスケジュール管理、関係団体との調整事項を明確にする。具体的な事項が決定したら、業務の担当を割り振る。

添削者による修正・コメント

解決策の書き方として、冒頭のリード文として「第一に、イベント内容の明確化を行う」と書く（もしくは論文のように、「1　××」とタイトルにする）。
その後、「まず、〇〇を行う」「また、△△を実施する」「さらに、◇◇をする」のように具体的解決策を書く。
そして、最後に「これにより□□することができる」として、(1) で掲げた課題が解決することを示す。
このようにパターン化しておくと、わかりやすい。

　打ち合わせで決定した事項は課長代理、所長に報告し、内容について許可をもらう。

　また、イベント内容については、早急に事務局長や関係団体へ連絡する。意見等があれば聞き、イベントの詳細や当日までの段取りは説明会で説明する旨を伝える。

　以上の取組みにより、イベント内容や開催までに行う業務が明確になり、確実に準備を進めていくことができ、関係団体からの信用も得られる。

２　進捗状況の共有 ──────── 進捗管理

　１の内容が決定したら、事業所内の打ち合わせを行いたい旨を課長代理に提案する。商工祭の内容の説明、イベント当日までの職員の役割分担を説明する。イベントまでの業務は共有フォルダを使いスケジュールを確認し、進捗管理を行い、事業所内で共有する。

　また、関係団体との説明会ではイベント当日までのスケジュールや協力してほしい事項の詳細を説明、共有する。そのために、説明会では資料やパワーポイントを活用する等、分かりやすいものを作成するように工夫をする。また、説明会の最後には質疑応答の時間 ── 課題があれば
を設け、関係団体からの意見や疑問を聞き、必要があれば事業所へ持ち帰り検討を行い、イベント内容に反映していく。さらに、関係

団体と定期的に連絡を取り、商工祭の準備状況について確認を行う。

　以上の取組みにより、イベントまでの進捗状況を事業所内や関係団体と共有でき、関係団体との緊密な連携を図った商工祭を行うことができる。

3　事業所内の協力体制の構築

　イベントの準備や改修工事の準備で事業所内の業務量が増加する中、円滑に業務を行うためには担当を超えた協力体制が必要である。

　まず、事業所内の超過勤務を減らすために、事業所内の改修工事に関する業務の担当を見直し、明確にする必要があることを課長代理に提案する。改修工事に関する業務の洗い出しを行い、何を行わなければならないのか、いつまでに行うのか全体像を明確にする。L主事が改修工事の準備にかかりきりでイベントに関する業務が滞っている旨を両担当の課長代理、所長に説明し、業務の担当を決める際は、各職員の総合的な業務量を考慮し決定する。また、通常業務を勤務時間内に行うことができるように検討を行い、職員間で業務量に差が出てきてしまうことがあれば、必要に応じて担当内や両担当で協力し合う。

　以上の取組みにより、改修工事に関する業

「不要不急の事業の先送り」「業務の一部をアウトソーシングする」など具体的な内容を加える

務担当が明確になるとともに、事業所内の連携体制が構築できる。また、Ｌ主事がイベント準備の業務を行うことができ、予定通りイベントを開催することに繋がる。

論　文　添　削　票

採　点　の　ポ　イ　ン　ト						
問題意識	問題（理想と現実のギャップ）を理解しているか	⑩	8	6	4	2
	問題の背景をとらえているか	10	⑧	6	4	2
	問題の原因を的確にとらえているか	10	⑧	6	4	2
	問題点と解決策の整合性はあるか	⑩	8	6	4	2
論理性	問題解決の実証性はあるか	10	⑧	6	4	2
	解決策は現実的、具体的か	10	⑧	6	4	2
表現力	文章は分かりやすいか	⑩	8	6	4	2
	誤字や脱字等のミスはないか	10	8	⑥	4	2
積極性	主任（係長）職の立場から論じられているか	10	⑧	6	4	2
	自ら解決する意気込みが感じられるか	10	⑧	6	4	2

得　点 **84**点	極めて優秀 90点以上	ほぼ合格圏 70〜89点	もう一工夫 が必要 50〜69点	相当の努力 が必要 50点未満

講評

　良く書けており、合格論文になっています。「進捗状況の共有」
とありますが、進捗状況を共有することも大事ですが、予定通
りイベントを実施するために進捗管理を行うことの方が、より
重要となります。

[ＡⅠ類、ＡⅡ類共通]

【練習問題11】

・下記の事例と資料を分析し、次の（1）、(2) に分けて述べてください。

　Ａ局のＣ事業所は、多摩地域の工場などの事業所の公害規制・指導を主な業務としている。この事業所は、調整担当が所の庶務及び事業場の届出の受付と許可を行い、環境改善担当が規制・指導を行っている。あなたは、Ｃ事業所に、調整担当の主任として本年4月に局間交流で配属された。今年度は、あなたの他にベテランのＤ課長代理、昨年他局から移動してきたＥ主任、あなた、今年度新規採用職員のＦ主事の4人で構成されており、あなたはＦ主事を指導するチューターとなった。Ｆ主事は、大学を今年卒業し、仕事はこれまでアルバイトしか、したことがないと語っていた。

　Ｃ事業所では、法令改正を受け来年4月の水質規制の新制度に向け事業場からの相談件数が増加しており、日中、電話対応や窓口の相談対応に追われて書類が審査できずに超過勤務が多くなり、従来業務処理を担ってきたベテラン職員が減少する中、「新制度に向けての説明がわかりづらい」等の苦情が多発している。

　そのため、相談対応の業務改善を事業所全体で検討することになった。

　あなたは、調整担当のＤ課長代理から新制度相談検討を任され、事業場からの相談対応や事業場内の連絡調整を担うこととなった。公害規制ベテランのＪ主任と業務改善を進めていくため、事業場内の相談対応方針、ノウハウ継承の方策を検討していく予定

でいた。

　F主事の配属後4か月が経過したころ、あなたはF主事から、「昨日も相談者から説明がわからないとの苦情を受けました。水質関係の指導担当のJ主任は公害規制のベテランなのに、新制度に向けての相談は調整担当の仕事だと言って相談にも乗ってくれません。これでは満足な仕事ができません。」と言われた。

(1)　設問の職場において、業務を円滑に進めていくうえでの課題について、簡潔に述べてください。

(300文字以上500字程度)

(2)　(1)で述べた課題に対して、今後、あなたはどのように課題解決に向けて取り組んでいくべきか、主任に期待される役割を踏まえ、具体的に述べてください。

(1,200字以上1,500字程度)

資料 1

A 局の組織図

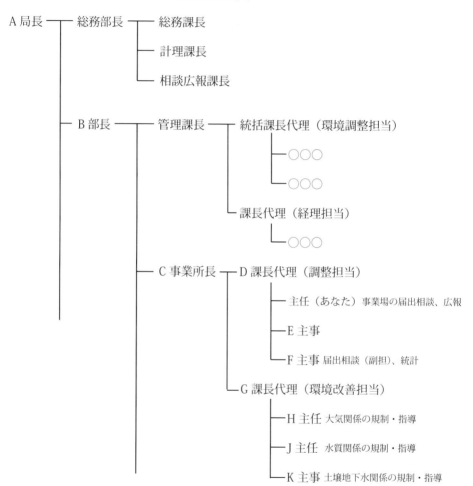

資料2

4月　　・F主事、新規採用職員としてC事業所に配属される。

　　　　・主任（あなた）は、局間交流でC事業所に配属される。

　　　　・主任（あなた）は、E主事のチューターとなる。

　　　　・主任（あなた）は、D課長代理から、水質規制新制度検討を任される。

　　　　・「新制度にむけての説明がわかりづらい」等の苦情が多発する。

　　　　・E主事が主任（あなた）に不満を漏らす。

7月

来年4月・水質規制の新制度開始

資料3　　　　　　　　C事業所相談件数の推移

練習問題 11　資料 4

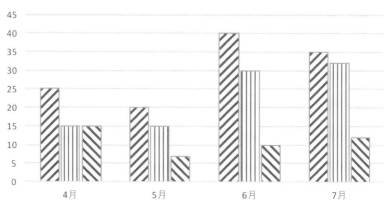

［A I 類、A II 類共通］

練習問題 **11**　合格者が書いた論文①　**80**点

課題抽出

(1) 設問の職場において、業務を円滑に進めていくうえでの課題について、簡潔に述べてください。(300 文字以上 500 字程度)

（1）

添削者による
修正・コメント

　設問の職場において、業務を円滑に進めていくうえでの課題は以下の3点が挙げられる。

　第一に、水質規制の新制度が十分に都民に周知されていない点である。資料3より相談件数が増加しており、新制度の周知が不十分なことが原因だと考えられる。このままでは新制度開始まで相談件数が増加していき、通常業務を更に圧迫してしまうことになる。

新制度の周知が不十分である

　第二に、相談への説明に対する苦情が多発している点である。都民からの相談にどう対応すべきか定まってないことが、新制度に向けての説明のわかりづらさにつながっていると考えられる。このままでは都民の信頼を失うだけでなく、来年4月の新制度開始時に多くのトラブルが生じる可能性がある。

この課題が、最重要の課題となるため、1番目に書いた方が適切。職員が新制度を十分に理解していないと、1番目の的確な周知もできない。

　第三に、F主事の育成が不十分な点である。資料2より4月から4か月経つが説明のわかりづらさから苦情が多発していることがわかる。F主事はこれまでアルバイトしか仕事をしたことがなく、仕事に対する経験不足や知識不足が考えられる。また不満を漏らしたこともあり、F主事のメンタル面も心配である。このままでは相談対応を円滑に行うことができず、苦情の増加につながる恐れがある。

調整担当職員が十分な知識を持っていないことを考えると、F主事だけが特に問題と言えるかはやや疑問が残る。

> **論　文**
>
> (2)　(1) で述べた課題に対して、今後、あなたはどのように課題
> 解決に向けて取り組んでいくべきか、主任に期待される役割を踏
> まえ、具体的に述べてください。(1,200 字以上 1,500 字程度)

（２）

　設問の職場において、業務を円滑に進める
ため私は以下の解決策に取り組む。

1　新制度に関する都民への広報の充実

　新制度に関する情報発信が不足しているこ
とから、事業場からの相談件数が増加してい
ると考えられる。そのため私は広報担当とし
て、ホームページによる周知を行う。新制度
の内容やよくある質問のＱ＆Ａ形式のものを
ホームページに掲載し、広く都民に周知する。
その際、図やイラスト等を活用しながら見や
すさ分かりやすさを向上させるよう工夫す
る。併せて、ホームページにアンケートフォ
ームを作り、新制度の情報提供に関する満足
度を測り、よりよいホームページとなるよう
適宜改善していく。

　また、事業場の方向けの説明会開催をＤ課
長代理に提案する。直接説明を行い質疑応答
を行うことで都民に必要な情報を提供するこ
とができる。その際、昨今の社会情勢に鑑み
３密を避けるためウェブ会議による開催が可

**添削者による
修正・コメント**

対面で説明や質疑応答
を行うことで

能かどうか検討していく。

　これらにより、新制度に関する情報が都民に周知され、<u>相談件数の減少につながると考える。</u>

<u>２　新制度に関するマニュアルの作成</u>

　新制度の説明がわかりづらい原因として、説明の対応方針が定まっていないことが考えられる。そこで私は新制度のマニュアルを作成することをＤ課長代理に提案する。まず私がマニュアルの素案を作成し、ベテランのＪ主任に確認を依頼し、都民が間違いやすいポイントや案内時の注意点等を盛り込んでいく。この素案をＤ課長代理に確認を依頼し、起案による意思決定を経てマニュアルを完成させる。このマニュアルを活用することで相談対応の方針が決まり、的確な回答が可能となる。<u>このようなマニュアルの作成はＪ主任の協力が必要となるため、関係性の構築の１つとして日頃からのあいさつやコミュニケーションをとることを心掛けるようにしていく。</u>

　また私は、都民からの問い合わせ記録簿を作成し、都民からの相談を記録・管理する。複数回相談のある質問に対し、これまでの対応記録を参照し適切に回答できるほか、記録の中からよくある相談を洗い出すことがで

相談件数の減少につながる

課題で指摘したように、この点を解決策の１点目にすべき

この部分は、タイトルのマニュアルの作成からやや外れた内容となっている

き、解決策の１つ目で述べたホームページの
Ｑ＆Ａ形式による情報提供につなげることも
可能となる。

　これらにより、わかりやすく適切な相談対
応が可能となり、都民の信頼を損なわないと
いえる。

3　ＯＪＴ形式によるＦ主事の育成強化

　Ｆ主事に不足している仕事の経験や知識を
補うため、Ｆ主事の相談対応時に私またはＤ
課長代理が一緒に対応する、ＯＪＴ形式によ
るフォロー体制についてＤ課長代理に提案す
る。Ｆ主事がわからない点や不安に思う点等
をとなりでフォローすることで、Ｆ主事に対
し、正しい案内ができたという成功体験を積
ませることができ、且つ正しい知識を学ばせ
ることができる。成功体験という経験を積ん
でいくことでＦ主事が自信を持ち、より積極
的に業務に励んでもらえるというメリットも
あると考える。

　また、業務終了後、調整担当内で簡易ミー
ティングを行い、相談対応で困ったことや分
からなかったことをＦ主事から聴き、対応
方針を話し合う。Ｆ主事の知識面を補強する
とともに、悩みを担当内で解消することがで
きるので、Ｆ主事の不満やストレスを軽減し
メンタル面をケアすることにつながると考え

都民からの信頼を得る
ことができる。

悩みを担当内で解消す
ることで、Ｆ主事の不
満やストレスを軽減し
メンタル面をケアする
ことにつながる

る。

　これらにより、Ｆ主事が相談対応を適切に行えるようになり、都民からの苦情増加を防止できるといえる。

　以上の解決策により、都民からの信頼を得ながら業務を円滑に進めることができる~~と私は考える~~。

〈削除〉

論 文 添 削 票

	採 点 の ポ イ ン ト					
問題意識	問題（理想と現実のギャップ）を理解しているか	10	(8)	6	4	2
	問題の背景をとらえているか	10	(8)	6	4	2
	問題の原因を的確にとらえているか	10	(8)	6	4	2
	問題点と解決策の整合性はあるか	10	(8)	6	4	2
論理性	問題解決の実証性はあるか	10	(8)	6	4	2
	解決策は現実的、具体的か	10	(8)	6	4	2
表現力	文章は分かりやすいか	10	(8)	6	4	2
	誤字や脱字等のミスはないか	10	(8)	6	4	2
積極性	主任（係長）職の立場から論じられているか	10	(8)	6	4	2
	自ら解決する意気込みが感じられるか	10	(8)	6	4	2

得 点	**80**点	極めて優秀 90点以上	ほぼ合格圏 70〜89点	もう一工夫 が必要 50〜69点	相当の努力 が必要 50点未満

講評

良く書けており、合格論文になっています。調整担当職員のスキルアップのためには、勉強会や研修の開催、共有フォルダの活用等による情報の共有なども有効です。

―［ＡⅠ類、ＡⅡ類共通］―

練習問題 **11**　合格者が書いた論文②　　**82**点

課題抽出

> (1)　設問の職場において、業務を円滑に進めていくうえでの
> 課題について、簡潔に述べてください。
>
> （300 文字以上 500 字程度）

（1）

　設問の職場において、業務を円滑に進めて
いくための課題は以下の3つである。

　第一に、調整担当職員が事業場からの相談
に十分に対応できていない点である。調整担
当では来年4月からの水質規制の新制度に向
け相談件数が増加しているが、説明が分かり
づらいと事業場から苦情が多発している。ま
た、法令改正を受けての制度のため、担当内
に新制度に精通している職員がいないことが
考えられる。このままでは苦情は減らず、事
業場からの信用を失ってしまう可能性があ
る。

　第二に、事業場への広報体制が不充分な点
である。資料3より、事業所では相談件数が
昨年度から増加している。また、日中電話対
応や窓口対応に追われて書類審査ができずに

**添削者による
修正・コメント**

こうした推定の表現は
適切ではない。精通し
ている職員が少ないか
どうかよりも、実際に
事業場からの相談に対
応できていないことを
中心に説明する。

超過勤務が多くなっている。このことから、事業場は現在の広報では疑問を解消できず、C事業所に問い合わせをしている。このままでは相談件数を減らし、書類審査を円滑に進めていくことは困難である。

　第三に、F主事のフォロー体制が構築できていない点である。F主事は今年大学を卒業し、社会人経験がない。業務を行う中で事業場から直接苦情があったことや、J主任が相談に乗ってくれないと不満を漏らしていることから、F主事の仕事のフォロー体制ができていないとともに、F主事が組織の在り方を理解できていない。このままではF主事は一人で業務を行い、即戦力となることができない。

論　文

> (2)　(1) で述べた課題に対して、今後、あなたはどのように課題
> 解決に向けて取り組んでいくべきか、主任に期待される役割を踏
> まえ、具体的に述べてください。(1,200 字以上 1,500 字程度)

（2）

　設問の職場において、業務を円滑に進めて
いくための課題解決に向け、主任として以下
の３つに取組む。

1　職員の業務レベルの向上

　来年４月の水質規制の新制度に向け、事業
場からの相談に円滑に対応するためには、職
員の業務レベルの向上が不可欠である。

　そこで私は、新制度に詳しい外部講師によ
る研修会を開催したい旨をＤ課長代理に提案
する。研修会を行う前に、職員にアンケート
をとり、日頃の疑問や知りたい情報等を明確
にする。また、研修会では質疑応答の時間を
設け、講師が一方的に話すだけにならないよ
うにする。職員間でも意見交換を行い、今後
業務を行っていくために必要であるなら相談
対応についてのマニュアル作成や、事業場か
らの相談内容や苦情内容をフォルダで共有
し、事業場からの相談に分かりやすく説明で
きるように環境を整える。また、調整担当内
で定期的に会議を行い、マニュアルについて

**添削者による
修正・コメント**

外部講師も間違いでは
ないが、事業所内の連
携を図る視点で考える
と、ベテランのＤ課長
代理やＪ主任に講師を
依頼するのが適切。

改善するべき点や、相談対応をする中での成功例、失敗例などを話し合い、職員間で共有し業務に反映していく。

　以上の取組みにより、職員が新制度に関する理解を深めることができ、事業場からの相談に迅速に対応し、苦情を減らすことに繋がる。

2　広報体制の見直し

　来年4月からの新制度に向け、事業場に新制度を理解してもらうためには情報発信が不可欠である。

　そこで私は、新制度についての広報を見直す。まずは、事業所のホームページの見直しを行う。新制度について分かりやすくまとめた概要を事業場目線となるよう作成し、ホームページに掲載する。実際に電話や窓口で相談された事例を載せ、各事業場が疑問に感じている点を解消できる内容にする。また、ホームページには質問を受け付けられるように問い合わせフォームを作り、電話や窓口だけでなく、メールでも相談できるようにする。次に、新制度に向けてのパンフレットを作成する。事業所の窓口に置くだけでなく、実際に事業場や関連施設に配布する。パンフレットには事業所のホームページのURLを掲載し、他の事業場の質問内容を見て疑問を解消

できるようにする。

　以上の取組みにより、各事業場が新制度について理解するとともに、疑問があった際も電話での問い合わせや窓口に来る必要がなくなり、日中の相談件数を減らすことに繋がる。その結果、事業所内での書類審査を円滑に行うことができる。

この記述により、解決策を実施するメリットが明確になっている。

3　Ｆ主事の育成体制の構築

　社会人経験がないＦ主事を育成するため、職場内において若手職員のフォロー体制を確立する。

　そこで私は、Ｆ主事のチューターとしてＦ主事と話し合う時間を設ける。まず、業務は基本的に担当内で処理していくことを伝え、今後相談がある場合は、私や調整担当職員にするように話す。その上で、業務の疑問や不満など、本人の考えを充分に聞いた上で、指導やアドバイスを行う。適宜窓口対応にも同席し、改善点があればＦ主事自身が課題に気付けるように導き、改善していく。Ｆ主事の仕事の様子やできるようになったことはＤ課長代理に定期的に報告し、今後Ｄ課長代理や他の職員からも指導をしてもらえるように依頼する。また、日頃から職員同士のコミュニケーションを密にとるよう心掛け、若手の職員が相談しやすい職場作りに心掛ける。

具体的にはＯＪＴとして実施することを明確にしておきたい

　以上の取組みにより、Ｆ主事のフォロー体
制が構築でき、職員一人一人が業務を円滑に
進めていくことに繋がる。

論 文 添 削 票

採 点 の ポ イ ン ト						
問題意識	問題（理想と現実のギャップ）を理解しているか	⑩	8	6	4	2
	問題の背景をとらえているか	10	⑧	6	4	2
	問題の原因を的確にとらえているか	10	⑧	6	4	2
	問題点と解決策の整合性はあるか	⑩	8	6	4	2
論理性	問題解決の実証性はあるか	10	⑧	6	4	2
	解決策は現実的、具体的か	10	⑧	6	4	2
表現力	文章は分かりやすいか	⑩	8	6	4	2
	誤字や脱字等のミスはないか	10	⑧	6	4	2
積極性	主任（係長）職の立場から論じられているか	⑩	8	6	4	2
	自ら解決する意気込みが感じられるか	10	⑧	6	4	2

得 点	**88**点	極めて優秀 90点以上	ほぼ合格圏 70～89点	もう一工夫 が必要 50～69点	相当の努力 が必要 50点未満

講評

　合格論文になっています。ただし、事例ではJ主任との連携に
問題があることが書かれていますが、その点についての言及が
ありません。マニュアル作成、広報体制の充実、F主事へのフ
ォロー体制の構築のいずれかで、J主任との連携についても触
れておくことが必要です。

［資料］

平成28年9月12日
人事委員会事務局

平成29年度 主任級職選考の出題構成等の見直しについて

1　見直しの基本的な考え方

○都政の課題は高度化・複雑化しており、職員の育成の重要性もますます高まっている。その中で、平成18年度の主任級職選考の改正以降、都は職員採用試験について、Ⅰ類Aの導入、Ⅰ類Bにおける専門試験の見直し、新方式の導入等の改正を行い、多様な人材の採用を進めてきた。これを受け、主任級職選考についても、基礎的な法令知識等、主任級職にふさわしい能力をより一層適切に実証していくため、見直しを図ることが必要である。

○高度な専門性に加えて、幅広い視野を有する職員の育成が重要であり、都政全般に対する幅広い問題意識の醸成が求められている。

○主任級職として必要な知識の習得と併せて、自らの視点で課題を抽出、分析し、解決策を考えていく問題意識や問題解決力、さらに、それを論理的に論述する表現力のさらなる向上が求められている。

2　見直しの概要

【教養試験（択一）】

○主任級職として必要な基礎的な法令知識の能力実証を図るために出題数を見直す。

○幅広い視野を持った職員を育成するため、AⅠ類、AⅡ類とも「都政実務」と「都政事情」の出題数を見直す。

○採用試験との重複を解消するため、「統計資料の見方」の出題数を削減する。

○AⅠ類、AⅡ類とも合計の問題数は現在と同数とする。

【教養試験（記述）】

○AⅠ類（土木、建築、機械、電気）は、職務上必要な知識の習得の観点から工学的な計算問題を導入する。

【論　文】

○自らの視点で課題を抽出、分析し、現実的かつ具体的な解決策を論述するため、課題文に資料等を添付し、詳細な状況設定を行う。

【3　具体的な見直しの内容】

①主任級職選考A（Ⅰ類　事務）
《出題構成》

現行		
教養問題	統計資料の見方	5
	基礎的法令（憲法の基礎知識）	3
	基礎的法令（行政法の基礎知識）	7
	地方自治制度	10
	地方公務員制度	10
	都政実務	15
	都政事情	5
	55題（2時間45分）	
論文	2題出題、1題選択解答 1,500～2,000字程度（2時間30分）	
合計	5時間15分	

※各分野の出題数は目安

見直し後		
教養問題	統計資料の見方	2
	基礎的法令（憲法の基礎知識）	3
	基礎的法令（行政法の基礎知識）	10
	地方自治制度	10
	地方公務員制度	10
	都政実務	20
	都政事情	
	55題（2時間45分）	
論文	2題出題、1題選択解答 1,500～2,000字程度（2時間30分）	
合計	5時間15分	

※各分野の出題数は目安

【教養試験（択一）】
○統計資料の見方については、資料解釈を廃止し、統計データの分析から出題する。
　※統計データの分析とは、職員ハンドブック2015（第Ⅲ編第9章第3節）の分野のこと。
○基礎的法令（行政法）の出題数を7題から10題とする。
○都政実務、都政事情の出題数を20題（都政実務13題程度、都政事情7題程度）とする。
　・都政実務と都政事情の出題数は、都政の動向等により調整する。
　・都政実務については、「人事」、「文書」、「財務」等の主要分野を中心に出題する。
　・都政事情については、原則として都の基本方針や各局の主要な事業、計画等の中から基本的な内容を出題する。

【論　文】
○自らの視点で課題を抽出、分析し、現実的かつ具体的な解決策を論述する形とし、以下の見直しを実施する。
　＜都政に関する出題＞
　　新聞記事や調査報告等の資料を添付し、そこから課題を抽出する形とする。
　＜職場に関する出題＞
　　設問中の職場に関する組織図や課題に関連した資料を添付し、状況をより細かく設定する。

②主任級職考選考A（Ⅰ類　土木、建築、機械、電気）

《出題構成》

現行		
教養問題A	統計資料の見方	5
	基礎的法令（憲法の基礎知識）	3
	基礎的法令（行政法の基礎知識）	3
	地方自治制度	6
	地方公務員制度	8
	都政実務	15
	都政事情	5
	45題（2時間15分）	
教養問題B	基礎的専門知識について、記述式（語句説明）による7題出題、3題選択解答	
	1時間	
論文	2題出題、1題選択解答 1,500〜2,000字程度（2時間30分）	
合計	5時間45分	

※各分野の出題数は目安

見直し後		
教養問題A	統計資料の見方	2
	基礎的法令（憲法の基礎知識）	3
	基礎的法令（行政法の基礎知識）	6
	地方自治制度	6
	地方公務員制度	8
	都政実務	20
	都政事情	
	45題（2時間15分）	
教養問題B	基礎的専門知識について、記述式（語句説明及び**計算問題**）による7題出題、3題選択解答	
	1時間	
論文	2題出題、1題選択解答 1,500〜2,000字程度（2時間30分）	
合計	5時間45分	

※各分野の出題数は目安

【教養試験（択一）】
○統計資料の見方については、資料解釈を廃止し、統計データの分析から出題する。
　　※統計データの分析とは、職員ハンドブック2015（第Ⅲ編第9章第3節）の分野のこと。
○基礎的法令（行政法）の出題数を3題から6題とする。
○都政実務、都政事情の出題数を20題（都政実務13題程度、都政事情7題程度）とする。
　・都政実務と都政事情の出題数は、都政の動向等により調整する。
　・都政実務については、「人事」、「文書」、「財務」等の主要分野を中心に出題する。
　・都政事情については、原則として都の基本方針や各局の主要な事業、計画等の中から基本的な内容を出題する。

【教養試験（記述）】
○各区分で出題される7題中1題を基礎的な工学的計算の問題とする。
　　※例題については、「四技の教養試験（記述）の例題について」を参照

【論　文】
○自らの視点で課題を抽出、分析し、現実的かつ具体的な解決策を論述する形とし、以下の見直しを実施する。
　＜都政に関する出題＞
　　新聞記事や調査報告等の資料を添付し、そこから課題を抽出する形とする。
　＜職場に関する出題＞
　　設問中の職場に関する組織図や課題に関連した資料を添付し、状況をより細かく設定する。

③主任級職選考A（Ⅱ類）

≪出題構成≫

	現行	
教養問題	統計資料の見方	5
	基礎的法令（憲法の基礎知識）	―
	基礎的法令（行政法の基礎知識）	―
	地方自治制度	―
	地方公務員制度	8
	都政実務	12
	都政事情	5
	30題（1時間30分）	
論文	2題出題、1題選択解答 1,500～2,000字程度 （2時間30分）	
合計	4時間	

※各分野の出題数は目安

	見直し後	
教養問題	統計資料の見方	2
	基礎的法令（憲法の基礎知識）	―
	基礎的法令（行政法の基礎知識）	―
	地方自治制度	―
	地方公務員制度	8
	都政実務	20
	都政事情	
	30題（1時間30分）	
論文	2題出題、1題選択解答 1,500～2,000字程度 （2時間30分）	
合計	4時間	

※各分野の出題数は目安

【教養試験（択一）】
　○統計資料の見方については、資料解釈を廃止し、統計データの分析から出題する。
　　※統計データの分析とは、職員ハンドブック2015（第Ⅲ編第9章第3節）の分野のこと。
　○都政実務、都政事情の出題数を20題（都政実務 13題程度、都政事情 7題程度）
　　とする。
　・都政実務と都政事情の出題数は、都政の動向等により調整する。
　・都政実務については、「人事」、「文書」、「財務」等の主要分野を中心に出題
　　する。
　・都政事情については、原則として都の基本方針や各局の主要な事業、計画等の中
　　から基本的な内容を出題する。

【論　文】
　○AⅡ類の問題のうち、所属局の事業の課題について論述する問題については、出題
　　形式の見直しを実施しない。職場に関する問題はAⅠ類と同じく見直しを実施する。

④主任選考B
　見直しを実施しない。

4　見直し時期

平成29年度の主任級職選考から実施する。

5　留意事項

○今回の主任級職選考の見直しについて、各局の職員に速やかな周知をお願いする。
○平成29年度 主任級職選考の日程は、平成29年2月上旬に発表する。
○論文試験の新しい出題形式については、別途平成28年内を目途に出題例を示す予定。

平成 28 年 12 月 26 日
人 事 委 員 会 事 務 局

主任級職選考の論文について

○　今回、主任級職選考の論文の出題形式を改正した目的は、都政に関する出題、職場に関する出題ともに、以下のとおりである。

　（1）…添付した資料の課題を抽出、分析する能力を検証する。

　（2）…（1）で論述した課題に対する具体的な解決策を提示する問題解決力を検証する。

　　出題例の提示に併せて、評価の低い事例や注意事項等を示す。

＜評価の低い事例＞

・（1）で課題と関連性の薄い論述が大部分を占めているもの。

　⇒問題文と関連の薄い論述（都の置かれた状況の過度に詳細な記載等）が大部分を占め、問題文に対する解答が極端に短い場合は減点の対象とする。

・（1）で論述した具体的な内容を、（2）で繰り返し論述しているもの。

　⇒（2）で問われている内容に対する論述ではなく、単なる重複であると見られる場合は減点の対象とする。

・（2）で論述した取組が課題解決のために関連の薄い事項となっているもの。

　⇒取組の必要性などが十分に論述されず、課題解決のために効果が薄いと判断された場合は減点の対象とする。

　また、特に職場に関する問題では、設定された職場における具体的な取組を論述することが必要である。

※　評価対象外の事項

　平成 29 年度以降の主任級職選考の論文試験において、受験者自身が主任級職に昇任する上での決意については問わない。

　⇒決意表明は評価の対象としない。設問で問われていることに対し、十分に字数を使って論述すること。

東京都主任級職選考〈論文〉対策

主任論文の書き方・考え方

2021 年 3 月 25 日　初版発行

　　　著　者　　「4ウエイ方式」論文通信添削研究会
　　　発行人　　武内英晴
　　　発行所　　公人の友社
　　　　　　　　〒 112-0002　東京都文京区小石川 5-26-8
　　　　　　　　ＴＥＬ 03-3811-5701
　　　　　　　　ＦＡＸ 03-3811-5795
　　　　　　　　Ｅメール info@koujinnotomo.com
　　　　　　　　http://koujinnotomo.com/

ISBN978-4-87555-860-6　C3030